高学年女子
困った時の指導法60

宇野 弘恵 著

まえがき

　「高学年女子」という言葉があることでわかるように，高学年女子は，私たち教師にとってちょっと特別な存在です。「高学年男子」という言葉だってもちろんありますが，高学年女子とは明らかに意味合いが異なります。それは，多くの教師が高学年女子指導が男子よりも数段難しいと感じ，一歩間違えれば修復しづらいデリケートな問題であると認識しているからです。

　女性教師の方が女子指導に長けていると一般的にはいわれています。かつて自分が経験してきたから，同性だから女子の心理が想像できる（わかる）などというのが，大きな理由でしょう。実際，男性教師が女子に翻弄されているのを尻目に，女性教師が女子と親和的にかかわっている姿を目にした方はたくさんいるはずです。しかし，すべての女性教師がそうであるかというと，決してそうではありません。同性ゆえに女子とぶつかり合い，険悪な関係を築いてしまうケースもあります。また，男性教諭であっても，女子を掌の上で転がすように上手に指導する先生もいます。こうした現象に鑑みるに，教師の性別だけが女子指導の鍵を握っているわけではないということが言えると思います。これは，「女子」という特性に合った指導をすることが肝要であることを示唆していると考えます。

　しかしながら，「男女平等」「男女に人間としての差はない」「男女で指導法を分けるのは差別ではないか」といったご主張もあるでしょう。あるいは，「女子をひとくくりに指導するのはいかがなものか」というお考えをおもちの方もいるでしょう。

すべてをひとくくりに見ては個を見落とすというご主張も，十分理解し共感もいたします。しかし，男女は本当に「同じ」なのでしょうか。同じ人間ではあるけれど，それぞれの特性とか傾向とかといったものは存在しないのでしょうか。

　近年，脳科学の研究により，脳の違いが男女の考え方や感性の差を生んでいることが解明されつつあるようです。その詳細については脳科学の専門家にお譲りしますが，男女差は脳の違いだけで生まれているのではないと考えます。男女の気質や特性は，社会という枠組みの中で後天的につくられているのではないかということに，私は注目しました。

　男子は男子として，女子は女子として社会の枠組みの中で生きています（LGBTなどの課題を含むことを承知しながら）。「男は男らしく」「女性はしとやかに」的な社会通念が，現代においてもなくなってはいません。「そうあらねばならぬ」という無言の圧力の中で，「女子は女子らしく」振る舞うのが正しいと，知らず知らずのうちに学習しています。女子は「あるべき女子像」の中で生きようとしますが，実際の女子の姿と乖離が生じます。この乖離が，高学年女子の多くの問題を引き起こすのではないかと私は考えているのです。

　社会で後天的につくられた「女子的気質」に目を向け，学校という社会で生きる高学年女子を捉え直すこと。その上で，女子とどうかかわり指導するかを考えること。この2つが本書の大きな提案です。また，女子を4タイプに分類し，特性を分析した上でのかかわり方も提示しました。本書が高学年女子との良好な関係性を築く一助となることを期待します。　宇野　弘恵

目　次

まえがき

第1章　何が大変？　高学年女子の性質と背景

1　高学年女子の何が大変なのか ─── 10

2　女子への妄想を捨てる ─── 12

3　「女子にも攻撃性はある」という前提に立つ ─── 14

4　高学年女子は一人になりたがらない ─── 16

5　高学年女子は目立ちたがらない ─── 18

6　高学年女子はおしゃべり ─── 20

7　高学年女子は本音を言わない ─── 22

8　高学年女子は思春期真っ只中 ─── 24

9　高学年女子は過保護にされている ─── 26

10　高学年女子はネットでつながる ─── 28

🌸高学年女子理解の必読書 ─── 30

第2章　高学年女子と信頼関係を結ぶ

1　女子指導が苦手という教師は多い ─── 32

2　高学年女子には嫌われてはいけない ─── 34

3　高学年女子との約束は守らなくてはいけない ─── 36

4　高学年女子はとにかく聞いてほしい ─── 38

5　高学年女子は依怙贔屓が大嫌い ─── 40

6　高学年女子は依怙贔屓がお好き ─── 42

7　高学年女子はブレなさに安心する ─── 44

8　高学年女子とは適切な距離をとる ── 46

　9　高学年女子と大人として付き合う ── 48

●高学年女子に読ませたい本 ── 50

第3章　高学年女子をタイプ別に理解する

　1　女子の全体的な傾向を分析する ── 52

　2　自立性と協調性で分類する ── 54

　3　チェックリストを使う ── 56

　4　女子を4タイプで見る ── 58

　5　いるか女子とは敬意をもって付き合う ── 60

　6　ひつじ女子とは心を鬼にして付き合う ── 63

　7　おおかみ女子とは対等に付き合う ── 66

　8　くじゃく女子とは根気よく付き合う ── 69

　9　混合タイプを知る ── 72

　10　平均的バランス集団は問題がないのが問題と心得る ── 74

　11　大人しいクラスは着ぐるみだらけと心得る ── 76

　12　たった3人でも問題多発と心得る ── 78

　13　学級崩壊の可能性大と心得る ── 80

●幸せになるために生まれてきた ── 82

第4章　高学年女子の問題行動に対応する

　1　基本は笑顔で譲らない ── 84

　2　愛があるから指導が通る ── 86

　3　周囲から浮いている子にベクトルを向ける ── 88

　4　暴言・暴力が目立つ子にベクトルを向ける ── 90

5 「めんどくさい」と言う子にベクトルを向ける ── 92
6 身だしなみに無頓着な子にベクトルを向ける ── 94
7 派手な持ち物が目立つ子にベクトルを向ける ── 96
8 手紙，メモを回す子にベクトルを向ける ── 98
9 内緒話をする子にベクトルを向ける ── 100
10 告げ口をする子にベクトルを向ける ── 102
11 わがまま，自己チューに仕切る子にベクトルを向ける ── 104
12 仲間外しをする子にベクトルを向ける ── 106
13 仲間外れにされる子にベクトルを向ける ── 108
14 人に合わせてばかりの子にベクトルを向ける ── 110
15 グループが凝り固まる問題に向き合う ── 112
16 グループで対立する問題に向き合う ── 114
● 部屋割り指導の前に伝えること ── 116

第5章　高学年女子の悩みに向き合う

1 人間関係の問題を，恋愛問題に置き換える ── 118
2 いつも仲良しの子と一緒じゃなきゃイヤ ── 120
3 仲良しの子が別の子にとられちゃう ── 122
4 どうして私じゃダメなの？ ── 124
5 私のことは大事じゃないの？ ── 126
6 言いたいことが言えないの… ── 128
7 もう元には戻れないの？ ── 130
8 恋愛に「嘘も方便」なんてない ── 132
● 距離のとり方に悩む ── 134

第6章　高学年女子の保護者とつながる

1　女子に対する母親と父親の違いを押さえる ── 136
2　兄弟構成によっても母親は違う ── 138
3　性別，年齢によっても母親は変わる ── 142
4　トラブル発生で母親は変わる ── 146

あとがき

第 1 章

何が大変？高学年女子の性質と背景

高学年女子指導は，多くの人が厄介だとしています。面倒で難しいと評しています。それはなぜなのでしょうか。

高学年女子の何が大変なのか

　老若男女問わず，多くの教師が高学年女子指導を「厄介だ」と言います。「男子は単純でわかりやすいけれど女子は何を考えているかわからない」「女子の行動が意味不明」という声も聞きます。同性の女子でさえ「女同士の付き合いはめんどくさい」と言い，女児の母親たちも「高学年になると女子の人間関係が心配です」と言います。一筋縄ではいかない，要注意……誰もがそんな思いを抱いているのが高学年女子なのかもしれません。

　男女の人間関係における差は，高学年になって突如現れるかというと決してそうではありません。実は低学年のうちからそれなりに現れてはいます。男子は一人で行動するけれど女子は誰かと一緒に行動したがる，男子は自分で決めるけれど女子は誰かと一緒のものを選ぶ，男子は殴った蹴ったのけんかが多いけれど女子は低学年でも仲間外し的なトラブル，のように。

　こういった傾向は大人になっても続いていきます。同僚やママ友との付き合いの難しさという例を見れば，女子の難しさが一過性のものではないことが見てとれます。

　その入り口となるのが高学年女子指導です。この時代をどう過ごすかが，女子のその後の人生を左右すると言っても過言ではありません。右の図を使って，まずはご自分が高学年女子をどう捉えているかを書き出してみましょう。

私の高学年女子像

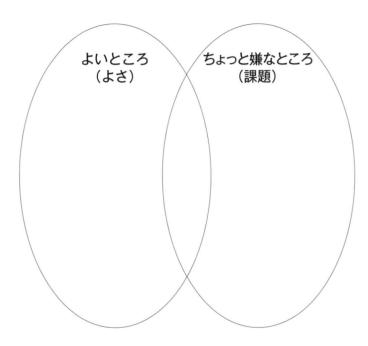

これが大変,高学年女子指導・ベスト3

1 _____
2 _____
3 _____

第1章
2

女子への妄想を捨てる

　前頁で，高学年女子の「よいところ（よさ）」と「ちょっと嫌なところ（課題）」を書いていただきました。いかがでしたか。よさと課題のうち，たくさん書けたのはどちらでしたか。あるいは，すらすら書けたのはどちらでしたか。

　とある研修会で，参加者のみなさんとこのテーマについて考え合いました。参加者のほとんどの方が小学校教員。男性と女性がちょうど半数ずつくらいでした。

　その結果，以下のようになりました。ご自分が書かれたものと比べてみてください。

よいところ（よさ）

・優しい　・親切　・仕事をきちんとする

・細かいところによく気が付く　・丁寧　・明るい

・乱暴じゃない　・かわいい　・しっかりしている

ちょっと嫌なところ（課題）

・一人で行動しない　・すぐ言い付ける　・かわいこぶる

・甘える　・悪口や噂話が多い　・裏表がある　・群れる

・すぐ泣く　・人によって態度を変える　・ずるい　・拗ねる

・無視する　・ぷりぷりする　・しつこい

興味深かったのは，よさの多くは男性が，課題の多くは女性が出したことです。つまり，男性教師は女子を好意的に，女性教師は否定的に見る傾向があると言えるでしょう。

　女性教師は，自分たち女子が「かわいい」「優しい」「かよわい」だけで語れる存在ではないことを知っています。もちろんそういった面もありますが（たぶん），それ以上に「恐ろしい」面をもち合わせていることを経験的に知っています。ですから女性教師は人間関係の変化に勘が働いたり，女子の嘘にそう簡単に騙されたりしない場合が多いのです。

　「女子観」の違いは，対応や指導の違いに直結します。女子をあまりにも天使のように扱っていれば，仮面の下にある悪意に気が付くことはできません。逆に，疑って悪い面ばかりを見てしまうと，真実を見過ごしてしまうことになります。どちらも女子の信頼を得ることはできず，女子指導に苦慮することになります。

　もしも過去に女子指導で苦労したことがあったなら，あるいは今しっくりいっていないことがあるとすれば，それはもしかしたら「高学年女子」の捉え違いが原因かもしれません。男性教師のみなさんは女子を神格化しすぎているかもしれませんし，女性教師のみなさんは女子を危険物扱いしすぎているかもしれません。「高学年女子」を別な角度から見てみると，今まで見えていなかったものが見えるようになるかもしれません。あるいは，通り過ぎていたことが引っ掛かったり，違う可能性を考えたりできるかもしれません。観方を変えることは視野を広げること。それが指導の幅を広げることにつながります。

「女子にも攻撃性はある」という前提に立つ

　男子は乱暴で女子は優しい，男子は暴力的で女子は泣き虫……。小学校低学年を見れば，叩く，蹴る，暴言を吐いて取っ組み合いのけんかをするのは男子です。女子は口をとがらせながら問題を訴えるか，あるいはしくしく泣いて我慢するか。このような姿から，一般的には「男子は攻撃性が強く，女子は攻撃性をもたない」と判断されがちです。

　「攻撃性」というと，多くの場合，殴る，蹴るといった外に向けた暴力性を指します。ですから，外に向けて怒りを発散する男子は攻撃性が高いと見られます。では女子には攻撃性がないかといえば，決してそうではありません。怒りを感じるのは男子も女子も同じです。ただ女子は男子のように怒りを外に向けるのではなく，内側に向けるだけなのです。

　よく男子ははっきりしていてわかりやすいとか，裏表がないからさっぱりしているとかいわれます。裏を返せば，女子はうじうじしていてわかりづらく，裏表があってしつこいということになります。女子は怒りを外に出す代わりに，ねちねちと気付かれないように怒りを表します。直接表現せずに間接的に表現するのが，女子の攻撃性なのです。男子が身体的な攻撃を主とするならば，女子は心理的な攻撃を主とすると言い換えてもよいでしょう。

「女は3歩下がって男の後を歩く」という古来の風習にあるように，女子は控えめでそっと気づかいできることを社会的に期待されています。女子が表立って諍いを起こすことは「はしたない」と言われます。ですから，女子は静かに怒りを表現し，ひそかに攻撃するということになるのです。例えば，

- 面と向かってではなく本人のいないところで悪口を言う。
- 事実ではない悪評を流す。
- 仲間外れにする。
- 本人に聞こえるように（しかしながら，教師には聞こえないように）ミスや欠点を馬鹿にする。

などがそれに当たります。どれもしぐさや人間関係を武器にして攻撃していますが，とりわけ，仲間外しは最も苦しい攻撃です。これは女子の常套手段であり，心理的ダメージが非常に強い攻撃です。ひとりぼっちでいることは「誰からも友だちになってもらえないダメな存在」であることを意味し，自己肯定感を著しく下げることを女子自身が熟知しているのです。

また，女子の攻撃はごくごく仲のよい間柄で起こるため，問題がよりわかりにくく深刻になり，当事者の傷を一層深めることになりがちです。男子のように明らかな不利益に対する攻撃ではなく，「なんとなくいけすかない」「いい子ぶっている」という理由にもならない理由で攻撃対象になり得ます。リーダー的な子の気分によって，仲間外しにされることもよくあることです。

女子に攻撃性がないのではありません。狡猾に閉鎖的に攻撃し合うのが女子であるということを肝に銘じるべきでしょう。

第1章
4

高学年女子は一人になりたがらない

　大抵の女子は複数で行動します。トイレに行くのも音楽室に移動するのも、多くの女子は必ず誰かと一緒です。なぜ一人で行動しないのでしょうか。特に男性にとっては不思議な現象に映るでしょう。

　一人でいる子は「友だちのいない子」「ひとりぼっちの子」と評価されます。つまり、ダメな子の烙印を押されることになるのです。

　ご自分のクラスの子を思い浮かべてください。あなたは、友だちがたくさんいる子のことを「よい子」として評価してはいないでしょうか。「お宅のお子さん、お友だちがたくさんいますよ」と伝えると、多くの母親は安心した表情を見せはしないでしょうか。逆に、友だちがいない、少ないという子に対しては「人とかかわれない」「コミュニケーション能力が低い」「人を寄せ付けない」「性格が悪い」「自分勝手」「自己中心的」と、マイナス要素の原因を当てはめようとしてはいないでしょうか。本当は、ちょっとはにかみやさんなだけなのに。ちょっとナイーブなだけなのに。あるいは、一人でいるのが好きなだけなのに。

　これは女子に限らず男子にも言えることです。しかし男子の場合は、「自立している」「独立独歩」などプラスに評価されることが多いものです。逞しくていいね、頼もしいよね、と。通

常，保護者も女子の場合ほど心配はしません。

　何より，男子は常に一緒にいることが友情の証ではないことが女子との大きな違いです。女子にとって一緒にいるかいないかは，その集団（学校やクラス）でどういう立ち位置になるかということにかかわる死活問題になります。その場にいなかったばかりに話題から取り残された，その場にいなかったから悪口を言われたということは，女子の世界では日常的に発生する「問題」です。これらが火種になり，グループ間抗争が起きたり仲間外しが起きたり，仲間割れや仲違いが発生するのです。

　理由を整理すると，女子が一人になりたがらないのは以下の２つに集約されます。

　一つは，「友だちがいない子」と周りから見られないようにするためです。友だちがいなくてかわいそうと同情されることはさらなる屈辱です。同情されることは下に見られることと同じですので，「友だちが少ない子」は「格下の子」として位置付けられるのです。

　もう一つは，仲間内の情報を漏らさず聞くためです。その場にいて共通の話題をもつ，誰かの悪口を一緒に言うという話題の共有が心の結束，団結心を生みます。
「あの時，ああだったよね」
と笑っている輪に入れなければ，楽しい感情を共有することができません。それだけで疎外感をもつのが女子なのです。

　もしかすると，いつも一緒にいるのは仲がよいから……ではないかもしれません。「一人ではない」という安心を手に入れるために行動を共にしているのかもしれません。

高学年女子は目立ちたがらない

　前髪が斜めになっていないか，リボン結びはねじれていないか，三角巾から前髪がはみ出ていないか……。給食準備をさっさと終えてほしいところなのに，鏡の前で何分もにらめっこ。高学年の教室ではよく見かける光景です。
　「この問題，どう思いますか」
と教師が問うても，下を向いて黙ったまま。指名されても，か細い声でぼそぼそ言うだけ。高学年女子に限ったことではありませんが，これまたよく見られる光景です。
　あるいは，「○○長」という役職につくことや主役的なものへの立候補。最近は女子が強くなったといわれ，男子より女子の方が立候補者は多いという現象の一方で，頑なに役を固辞する女子がいるのも事実です。
　なぜ，こうした姿が見られるのでしょうか。一つには，女子が男子より早く思春期を迎え，自意識が芽生えてくることが挙げられるでしょう。過剰とも言えるほど身だしなみを整えるのもその表れ。他者からどう見られるかに関心が向くのです。
　小さな声で発表するのも同様です。大きな声で発表すれば，みんなに声が聞こえてしまいます。誤答であれば，大なり小なりかっこ悪い思いをすることになります。しかし，小さな声で話せば全員に声が聞こえず，たとえ間違ってしまったとしても

目立たずに済みます。他者から自分は「間違った」「頭が悪い」と思われずに済む，というわけです。

こうした自意識の表出が，成長過程においてごく自然な現象と言えるでしょう。しかし，女子の場合は，かっこ悪い思いをしたくないという意識だけがそうさせているのではありません。集団から突出して目立つこと自体を警戒しているのです。なぜなら，噂の対象になるからです。

女子は噂好きです。詳しくは後述しますが，話すことによって発散したりコミュニケーションをとったりしている女子は，見たものがそのまま話題のネタになります。「みんな」よりも地味だったり派手だったりすれば，それだけで噂の的になります。これに，女子の攻撃性が加われば，地味な子は「ダサい」と馬鹿にされ，派手な子は「男子に媚を売っている」と揶揄されるのです。大きな声で誤答を言えば「自信満々で言ったのに間違えるなんて恥ずかしい」となり，何でも積極的に立候補する子は「目立ちたがり屋だ」と言われるのです。だから，目立たないように，みんなと同じを選ぶのです。みんなと同じだと安心だし，みんなと同じなら違いをあれこれ言われずに済むのです。女子からの攻撃を未然に防ぐことができるのです。

もちろん，すべての女子がそうであると言いたいわけではありません。しかし女子の人間関係が悪ければ，容易にこうした構造が出来上がってしまうことを念頭に置くべきだと言いたいのです。そうすれば，全員が自分の考えを堂々と主張できる学級風土をつくることの重要性がより鮮明になってくるのではないでしょうか。

第1章
6

高学年女子は おしゃべり

　女性はとかくおしゃべりです。「女」を3つ書いて「姦しい」と読むように、女性はおしゃべり好きというのは世間一般の認識として根付いていると思います。これは高学年女子にも当てはまります。女子が数名集まれば、楽しそうにわいわいおしゃべりが始まるのは、どの教室でも共通の光景ではないでしょうか。

　この「楽しそうなおしゃべり」では、何が話されているか考えたことはありますか。テレビ番組や好きな芸能人、昨日の出来事やおいしかったスイーツの話……。思春期の高学年女子ですから、好きな男子の話をしているかもしれません。

　まさかみなさんは、高学年女子のおしゃべりが、こんな牧歌的で平和な会話ばかりだと思ってはいないでしょう（もし本当にそうだと思っているとしたら、それはかなり高学年女子を美化、あるいは幼稚化して見ています）。もちろん、他愛のない楽しい会話も多いでしょうが、噂話や悪口もとても多いと知っておくことは大事なことです。

　前述したように、一人で行動したがらない高学年女子は、必然的に他者との接点が多くなります。その人数が多ければ多いほど、それぞれの人に対する感じ方が違います。

　例えば、Aさんが教室で見た様子をBさんに話しました。

「さっき教室で,Cさんが男子と楽しそうに話していた」という内容だとします。Aさんは,ただ見たことを話しただけで他意はありません。しかし,それを聞いていたBさんが,別の友だちに話す時に

「Cさん,さっき教室で男子といちゃいちゃしてたらしいよ」
と言葉を少しだけ変換したとします。これを聞いた女子たちは,

「Cさんて,男子好きだよね」
となり,悪口大会が始まるのです。

前述したように,女子は突出したものを排除しようとする傾向にあります。その根っこには妬みや嫉みがあります。BさんがCさんに悪意を抱いていた場合は,言葉の変換は意図的なものでしょう。そこに悪意がなかった場合でも

「ただ,話していただけじゃない？」
と反論する子はなかなか出てきません。なぜなら,人と違うことを言うこと,突出したことを言うことを女子は恐れるからです。攻撃の矛先が自分に向くかもしれないからです。

妬みや嫉みは,男女にかかわらずもっている感情です。男子はそれを暴力などの見える形で表現するのに対して,女子はみっともないその思いを隠そうとします。隠された感情は消えるわけではなく,内側でどんどん膨らんでいきます。処理しきれなくなった感情は,何らかの形で発散しなくては,なくなることはありません。女子は,「おしゃべり」という形で発散し,処理しているのです。

噂話や悪口が感情発散の手段になっていて,それは日常的にあちこちで行われていると認識すべきです。

第 1 章
7

高学年女子は
本音を言わない

　学級会での場面。

🧑‍🏫 教　師：Aくんから，お楽しみ会にするゲームは，ドッジボールがいいという意見がありました。他に意見はありませんか。

（シーン……。）

🧑‍🏫 教　師：他に意見がないのでドッジボールに決まりました。

　休み時間。場所はトイレ。

👧 Bさん：ねえ，男子の意見ばっかりで決まってずるくない？

👧 Cさん：私，本当はドッジボール嫌だったんだよね。当たったら痛いから。男子ばっかりで盛り上がるじゃん。

　そして，教室に戻った後，女子が男子を睨む……。

　高学年を何度か担任したことがある先生なら，思い当たるシーンではないでしょうか。

　また別の場面。女子数名が教室の一角に集結。その中の一人が新しい服を着てきたという状況。

👧 Dさん：ねえ，Bさんの服，かわいくない？

👧 Cさん：すっごいかわいい！　いいなぁ。

👧👧 女子：すっごく似合う！

👧👧 女子：（本当は別にかわいいと思わないけど……）

　高学年女子に限らず，大人の女性でも（というかおばさん同

士でも）よくある場面。

　女子はなかなか本心を話しません。にこにこ笑って素直にうなずき納得しているように見えても，共感しているように見えても，心底そう思っているとは限りません。思っていないどころか，心の中で舌を出していることだってあります。なぜなのでしょうか。

　一つは，波風を立てないためです。人との接点が多い女子は，いちいち自分は違うと主張していれば，その都度摩擦が起きます。男子はその都度主張するのでけんかや言い争いが絶えないのはそのためです。

　もう一つは，人からの評価が気になるからです。こんな発言をしたら人からどう思われるだろう，こんな振る舞いをしたら嫌われるかもしれないし，馬鹿にされるかもしれない。それでもいいや，私は私！と思えないのは，ひとりぼっちで行動するのが怖いからです。

　女性のこうした傾向は，古代からの慣習のせいであるとか，脳の構造が違うからだとか様々な説があるようです。脳の研究に関しては，肯定・否定双方の結果が提示されており，今この時点では，脳の構造の違いが男女の行動や意識の差を生んでいるということを，私には結論付けられません（大きさや重さの差が行動や意識の差とつながるという説と，それは個人差だという説が出されています）。

　女性のこうした言動の根拠を探るより，女子にはそうした傾向があるのだと認識することが，女子への対応につながるのではないかと考えます。

高学年女子は思春期真っ只中

　思春期とは，心身ともに子どもから大人へ成長する時期。性的特徴が顕著になる時期でもあります。精神的な成長も著しく，社会や学校，友だちや仲間，家族などの影響を受けながら一人の大人として自分を確立していきます。このことを「自我同一性を獲得する」というのだそうです。男子よりも女子の方が早熟といわれており，男子に比べ2年ほど成長が早いというのが今のところの定説だそうです。

　この時期の顕著な姿として，しばしば「反抗的行動や態度」が取り上げられます。親や教師はこの「反抗的行動や態度」をなんとかしなくてはと躍起になりますが，表面的に抑えようとすることには全く意味がありません。むしろ逆効果でさえあります。これにはいくつかの理由があります。

　一つ目は，「親から自立したいという欲求」と「親から離れることの不安」の両方を感じることです。子どもは不安に対応するために友だちや仲間とのつながりを深め，安心感を得ようとします。その結果自立が可能となるのですが，大人の目には「大人の言うことを聞かない」ように見えてしまいます。

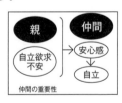

仲間の重要性

　二つ目は，思春期が発達課題をやり直す時期であることです。

思春期は、それまでの成長過程の中でうまく解決できなかった課題をもう一度やり直す時期と考えられます。例えば、素直でいい子だったのに反抗的な態度が目
立つ時、その子は自主を学び直し獲得しようとしていると見ることができます。

三つ目は、両価性が高まることです。両価性とは一つのことに対して同時に相反する感情をもつことです。「かわいさ余って憎さ100倍」「食べたい、でもやせ
たい」のように、同価値で対立し相入れない状態を指します。泣き叫びながら反抗してきた子が掌を返したように甘えてくるのも、両価性の高まりが原因と言えます。

このように、親からの自立と親への依存の間で揺れるのが思春期。自分でもどう感情を処理していいかわからない状態であるのに、表面を整える指導ばかりが繰り返されると、自分は他者から理解してもらえない存在であると学習してしまいます。結果、自己肯定感を著しく下げることにつながっていきます。とりわけ、高学年女子は自己肯定感が低いというデータもあるので注意が必要です。

【注】『平成20年度 文部科学省委託事業 青少年元気サポート事業　少女のための元気サポートプロジェクト報告書「少女の自己肯定感を高めるキャンプ」』（社団法人ガールスカウト日本連盟、2009年3月）での調査においては、自己肯定感は学年が進むにつれて下がる傾向にあり、男子よりも女子の方が低い結果。小6男子59.6%、女子51.8%（2005年調べ）。ちなみに性自認度は男子83.1%、女子57%。

高学年女子は過保護にされている

「一人ではかわいそう」
「自分では言えないと思うから、後押ししてほしい」
女子の保護者からこう言われることがあります。
「○○さんと一緒にしてください」
「○○さんとならできます」
女子からはこんな言葉が飛び出すことがあります。
「1人で発表するのが恥ずかしいなら2人でさせよう」
「気持ちが言えないなら代弁してあげよう」
という教師もいます。

　弱い立場にいる子や困っている子に、アドバイスを授けたり手助けしたりすることは必要です。時には先回りして問題を解決すべき場合もあります。しかし「女子だから」といって必要以上に慎重にかかわったり、心配しすぎたり、手を出しすぎたりしていることはないでしょうか。

　子どもが友だちと仲違いした場合を例に考えてみましょう。Aさんと Bさんが放課後に遊ぶ約束をしました。Aさんが時間に遅れて公園にやってきました。Bさんの姿は見えません。Aさんは、泣きながら家に帰りました。

　翌日の会話で、Aさんが来るのが遅かったため、Bさんは公園にいたCさんと他の公園で遊んでいたということがわかりま

した。事情がわかりAさんとBさんは仲直りをしました。

　これが男子同士だった場合，多くの保護者は

　「本人たちが仲直りしているのだから，いいです」

となります。でも，女子の場合は

　「仲直りはしたけれど，Aはすごく傷ついています」

　「Aを故意に外したのではないでしょうか」

などと訴えてくることがあります。この場合，本人が本当に傷ついていて困っているかどうかは度外視されています。「傷ついているのではないか」「この先，困るのではないか」という保護者の心配や不安をぶつけているにすぎません。

　そもそも女子は話すことで感情を発散・消化します。些細な出来事を「愚痴」として話しますが，保護者は「相談」として受け取ります。子どもは話すことで発散し問題解決しているのに保護者は重く受け止めて心配になり，執拗に状況を尋ねたり先回りしたりして過保護になるのでしょう。

　思いやることと甘やかすことは違います。手助けとお節介も違います。本来，子ども自身の力で解決できること，または，解決すべきことに何でも大人が先回りしてしまえば，自立の芽を摘んでしまいます。一人で行動させない，自己決定させないことは責任を取らせないことと同じです。そうすればより人任せになり，群れることで責任の所在をぼかすことになります。自分で訴える前に先回りされるので，周りが慮ってくれるのが当たり前になります。ちやほやされ，機嫌によって態度を変えるわがまま女子が出来上がるのです。「自立」のためにいかにかかわるかを，保護者とともに考えなくてはなりません。

高学年女子はネットでつながる

　小学生の携帯電話・スマートフォン所持率は年々上昇しています。MMD研究所の調査によれば，小学校6年生の携帯電話（スマートフォンを含む）所持率は48.4%でした。学年が上がるごとに，そして年を重ねるごとに所持率が上がっていることもわかりました（2014年8月19日, http://mmdlabo.jp/investigation/detail_1331.html）。また，株式会社ビデオリサーチインタラクティブによれば，高校生においては男子よりも女子の端末所持率が高いとの調査結果があります（2014年2月25日, http://www.videoi.co.jp/release/20140225.html）。

　また，携帯電話やスマートフォンなどを持たない子たちも，ゲーム機の通信機能や，保護者が所持しているタブレット等を使って交流しています。子どもたちは，24時間いつでも情報を交換し共有する環境にあるということは，常に念頭に置くべきことです。

　かつて，教室では交換日記や手紙を回すといったことで「秘密」が共有されていました。あるいは，内緒話という形で。それはあくまでも限られたメンバーの中でのことでしたが，ネットを介在すればいとも簡単にメンバーが入れ替わります。交換日記や手紙などはそれなりの人間関係ができた上で情報が共有されますが，日替わりで気軽に誰とでも情報共有できるのがネ

ットです。それは同時に，簡単に秘密が露呈したり安易にマイナスな書き込みを行ったりすることにより，未熟な人間関係が壊れやすくねじれやすいことを意味しています。いつ，誰がどんな話題を出すかに敏感でなくてはならず，柔軟に対応することが居場所を確保することにもつながります。人間関係は，もはや学校だけでつくられているのではありません。むしろネットによってつくられていると言っても過言ではない時代に突入していると認識する方が正しいのかもしれません。

　群れる，噂好き，とび抜けないという女子の習性に鑑みた時に，学校では見えにくい複雑な人間関係が裏にもあると踏まえておく必要があるでしょう。こうした背景が女子のグループ化を助長し，関係性や問題をさらに見えにくく，難しくしていることを認識しておかなくてはなりません。

　教師は，学校でも様子だけで人間関係や個人を理解しようと努めます。しかし，それだけでは限界があり，ネットでどうつながっているかを把握しなくては解決できない問題も急増しています。しかも，介入することが極めて難しいことが，問題をさらに複雑化します。

　ネットとどう付き合わせるかを指導することももちろん大事ですが，私たち教師が見えていることだけでは指導できないという前提に立つことが先決です。他愛ない世間話の中から，誰と誰がネットでつながりどんな会話をしているかを把握することも，高学年女子指導の大切なツールなのです。

高学年女子理解の必読書

- 赤坂真二『小学校高学年女子の指導 困ったときの処方箋』学陽書房，2005年
- 神谷祐子編著『「高学年の女子の心」と付き合う技術―いくつ持っていますか 女性教師のテクニックVS男性教師のテクニック』明治図書，2005年
- 宇野弘恵『「恋愛練習期」の女子が心を開く言葉かけのケーススタディ』『小六教育技術』小学館，2016年5月
- 齊藤勇監修『面白いほどよくわかる！「女」がわかる心理学』西東社，2014年
- おかざきなな『愛され女子研究』講談社新書，2016年
- 犬山紙子『嫌われ女子50』ベストセラーズ，2013年
- 深澤真紀『女オンチ。 女なのに女の掟がわからない』祥伝社，2016年
- 伊藤比呂美『女の一生』岩波新書，2014年
- レイチェル・シモンズ著，鈴木淑美訳『女の子どうしって，ややこしい！』草思社，2003年
- 白河桃子『格付けしあう女たち』ポプラ社，2013年
- 辛酸なめ子『女子の国はいつも内戦』河出書房新社，2008年
- 瀧波ユカリ・犬山紙子『女は笑顔で殴りあう マウンティング女子の実態』筑摩書房，2014年
- 水島広子『整理整頓 女子の人間関係』サンクチュアリ出版，2014年
- 佐々木則夫『なでしこ力』講談社文庫，2012年
- ドナ・カーネギー著，山岡朋子訳『13歳からの「人を動かす」人に好かれる女の子になる8つのルール』創元社，2007年

第 2 章

高学年女子と信頼関係を結ぶ

指導の前提になくてはならないもの——それは、信頼です。高学年女子と信頼関係を結ぶには、どうしたらよいのでしょうか。

女子指導が苦手という教師は多い

1 男性教師はなぜ女子指導が苦手か

　男性教師が女子指導を苦手とするか否かの要因の一つに，自身の兄弟構成が大きく関係しているように思います。学術的な裏付けなどない，経験をもとにした私の分析です。

　兄弟に女性が多い男性教師は，女子の裏側を見て育ちます。表面的にはかわいらしく整えている女子も，家ではわがままだったりだらしなかったりすることも知っています。けんかをした経験などから，女子の攻撃性についてもわかっています。女子のよさだけではなく欠点も含め，総合的に理解しているのです。ですから，高学年女子に対して，掌の上で転がすように，あるいは適切な距離を保ちながらかかわることができるのだと考えます。

　しかし，優しくて面倒見のよい（年齢的に少し離れている場合が多い）お姉さんがいる場合は，この限りではありません。世の中すべての女性がそうであるかのように錯覚し，「女子は優しくてかわいい」という妄想に拍車がかかります。年齢が近い姉妹がいればいるほど，女子の総合的理解ができやすいと考えてよいでしょう。

　一方，兄弟に女性が少ない（特に男兄弟ばかり）の男性教師は，女子の裏側を見ずに育ちます。よって，女子は優しいと思

って甘やかすと馬鹿にされ，女子は弱いと思って上から押し付ければ嫌われる，となるのです。近年の少子化により，姉妹のいない男性教師も多いことでしょう。今後，女子指導が苦手という男性教師は増えてくるのではないかと予想しています。

2 女子指導を苦手とする女性教師もいる

女子の気持ちは女子にしかわからない，くぐり抜けてきた道だから女性教師は女子の気持ちがよくわかる，というのが一般的な見方です。しかし，この頃，若い女性教師でも女子指導が苦手という方に多く出会うようになってきました。

若い女性教師というのは，高学年女子にとって憧れの存在です。自分の未来像として女性教師を見ます。ですから，男性教師よりも親近感をもち，仲良くなろうと近づいてきます。若い先生はその思いに応えようと丁寧に優しく寄り添います。実は，この「寄り添い」が「迎合」になってしまって女子指導を難しくしていることが多いのです。

例えば，左胸に付けると決まっている名札。服に穴が空くのが嫌だから付けたくないと女子は訴えます。「確かに服に穴が空くのは嫌だ。それなら仕方ない。よし，付けなくてもいいよ」というのは迎合です。この先生は私の言いなりになると，女子は学習します。ですから，様々なものを様々な形で要求するようになります。それを聞き続けると集団の秩序は乱れ，ある時点で拒否すれば反発されます。「穴が空くのは嫌だよね。でも付けて」「穴が空いても困らない服を着ていらっしゃい」と，絶対に譲らないことが肝要です。「寄り添う」「共感」の中身を問い，譲れないものを見極めることが大事です。

高学年女子には嫌われてはいけない

1 嫌われたら終わりと思うべし

　高学年女子は，非常に潔癖です。曲がったことや理不尽なことが許せません。シビアな視点で，時に重箱の隅をつつくような発言をすることもあります。

　そして何より，よく観ています。よく覚えています。特に教師の一挙手一投足には非常に敏感で，「人間ウォッチング」のごとく観察しています。一度高学年女子に嫌われてしまうと，関係性を修復することは簡単ではありません。潔癖で正義感が強いため，あるいは，「嫌い」と思った時の記憶が強烈であったためにそう簡単に許すことができないのです。

　みなさんにも覚えがあるのではないでしょうか。昔，女子とけんかをした時，なかなか許してもらえなかったこと。ずっと前のことを引き合いに出して責められたこと。その時は子ども同士，あるいは恋人同士という対等な関係性だったから「ごめん」「いいよ」が成立していました。しかし，教師と子どもは立場が対等ではなく，しかも年齢的にも心情的にも距離が遠いのです。一度溝ができてしまえば修復することはそう簡単なことではありません。

　嫌いな人の言うことを信じようとは思えません。ですから，教師として最低限の「嫌われない努力」は必要なのです。

2 頭ごなしは嫌われる

　目の前の壁を乗り越えようとする思春期の子どもたちにとって，上からの圧力は格好の反発の的。子どもだと思って，常識や正誤の理論だけで押さえ付けることは不可能です。権力でねじ伏せようとしたり従属させようとしたりすれば，一人の人間として尊重されていないと感じ，反発心を生みます。

3 自分しか見えていないと馬鹿にされる

　自分しか見えていない教師は馬鹿にされます。例えば，子どもたちのニーズに合わないことを一生懸命やっている教師は，滑稽に見えます。例えば，感情的に怒鳴る教師は，子どもっぽく未熟に見えます。自分中心な教師から教わりたいと思う子どもなんて，そうそういませんよね？

4 くどいとうるさがられる

　細かいことを何でも言う教師がいます。わかっていることを何度も言う教師がいます。同じことをくどくど言う教師がいます。言ってできるようになるくらいならこんなに楽な仕事はありません。子どもは「うるさいな。わかっているよ」と思って，指導などまるで聞かなくなるのです。

5 不潔・セクシーは気持ち悪がられる

　高学年女子は潔癖です。「生理的に受け付けないもの」が，結構あります。一つ目は，不潔・不衛生なもの。教師の髪型，口臭や体臭，服装……すべて評価の対象です。清潔であることはもちろんですが，女性の色っぽさにも女子は嫌悪感を抱きます。二つ目は，距離。執拗に近くに寄る，身体接触が多いのはダメ。下ネタ，セクハラは即刻アウトです。

第2章
3

高学年女子との約束は守らなくてはいけない

1 それが約束であると認識するべし

約束は守らなくてはなりません。それがどんなに小さな約束でも，たとえ相手が子どもでも。ところが，大人（教師）は，意外と簡単に子どもと約束を交わします。

子ども：先生，明日の昼休みに一緒に鬼ごっこしよう。

教 師：うん，いいよ。

という具合に。あるいは，

教 師：来週金曜日の帰りの会で席替えをします。

子ども：やったー！

といった感じで。

教師にとっては世間話の延長，とりあえずの予定くらいにしか思っていなくても，子どもたちにとっては立派な「約束」。明日の昼休みや来週の金曜日の帰りの会をわくわくしながら待っているわけです。ですから約束を反故にされると，子どもは大変がっかりします。それが繰り返されると「先生の言うことは信用できない」となるのは容易に想像できるでしょう。

シビアな高学年女子は，約束を守らない教師のことを「適当」「自分勝手」と評価します。自分たちの存在を軽んじている，大事にしていないと感じます。そう簡単に信用できないなと思います。約束を破ったことでトラブルや仲間外しに発展す

る例を考えると，女子が「約束を重んじること＝仲間・味方＝裏切らない」と捉えていることが言えると思います。

「うんいいよ」「来週の金曜日ね」と答えたら，もうそれは約束なのです。一度交わした約束は，何がなんでも守らなくてはならないのだと肝に銘じましょう。

2 守れそうにない約束はしない方がいい

そうはいっても，すべての約束を守るのは簡単なことではありません。解決法はただ一つ。約束をする前に考えることです。安易に返事をしないことです。

女 子：先生，明日の昼休みに一緒に鬼ごっこしよう。

教 師：いいよ！　でも，5時間目の授業の準備が長引いたら行けないかもしれないなぁ。その時はごめんね。

と，行けないかもしれない可能性を話しておきます。最初に快諾することで「本当は行きたいよ」という気持ちを伝え，「ごめんね」と先に謝っておくことで，相手の気持ちを傷つけない配慮を示すことができます。

3 破ってしまった時は誠心誠意謝る

守れる確信があって交わした約束をもしも破ってしまった時は，言い訳などせずに誠心誠意謝ります。頭を下げてきちんとした言葉づかいで。その上で女子にお願いするのです。

教 師：約束を守りたいって思っているんだけど，先生もの凄く忘れっぽいんだ。今度約束の日が近づいてきたら"先生，明日ですよ"と教えてくれる？

しっかり女子なら「もう，仕方ないわねー」と許してくれるでしょう。教師が弱みを見せることで親近感が湧くものです。

高学年女子は とにかく聞いてほしい

1 まずはすべてを受け入れるべし

　女子は男子に比べて共感性が高く,感情をわかってもらいたいものです。「うちの子,学校のことをさっぱり話さないんです」という相談は専ら男子の保護者から発せられるもので,「ずっと学校のことをしゃべっています」というのは往々にして女子の保護者。話すことが発散に直結していますので,聞いてもらっているという実感が得られることが大事なのです。

　みなさんは,問題行動があった時,あるいは相談を受けた時,どれだけ子どもたちの話を聞いているでしょうか。そう言うと大抵の教師は自信をもって「聞いている」と答えます。ここでいう「聞く」とは,とにかく聞くことです。否定したり結論を急かしたり示唆したりせずに,ただただ「そうか,そうか」と耳を傾けることです。

　簡単そうに見えて,実はこれがなかなか難しい。つい途中で口を挟んでしまったり「それはわがままでしょう」と決めつけてしまったりしがちです。そうすれば,たとえ最後まで話し終えたとしても「聞いてもらった」という満足感が得られません。聞いてもらうということは,よさも悪さもひっくるめて全部受け止めてもらうことなのです。話の腰を折られたり否定的なコメントを挟まれたりすると話す気持ちが萎えます。ですから,

まずはひたすら聞くことが何よりも大事なのです。

2 どうしたら聞くことに徹することができる？

　子どもは何でも大人に話すと思ったら大間違いです。しかも，本当のことや気持ちを話してくれるなんてことはないとさえ言っても過言ではありません。目の前の子が話してくれている……そのこと自体が奇跡なのです。こうした視点に立つと，「今を逃してはもう二度と話してくれなくなるかも」という思いになりませんか。話すうちが花なのです。

　そして，話をすべて聞かなくては何もわからないという姿勢でいること。結論やストーリーを勝手に教師が決めてしまわずに，新鮮な気持ちで聞くことです。それは，子どもを一人の人間として尊重することと同じです。

3 聞いたことがトラブルにならないためには？

　記録を取ることです。時間と人の流れがわかるように取ることがポイントです。私はちょんせいこ氏のご実践・ホワイトボードミーティングの手法を活用しています（巻末の参考文献をご覧ください）。

【ポイント】
- 時間の流れは番号で　・出来事はキーワードで
- 関係性は矢印で　・気持ちは一言で

　すべてを聞き終えた後は必ず内容を確認します。その後どうしたのか（どうしてほしいのか）は自分で決めさせます。決めたことを見守るのも「傾聴」と同じです。

高学年女子は
依怙贔屓(えこひいき)が大嫌い

💓1 女子は依怙贔屓に敏感であると知るべし

　AさんとBさんが忘れ物をしました。教師はAさんに「次は忘れないように」と言いました。Bさんに対して教師は「どうして忘れたんだ。この前もじゃないか。次は忘れないように気を付けなさい」と少しきつめに注意しました。

　教師としては，いつも忘れ物をしているBさんには厳しめに，Aさんは1度目だからとあっさりと指導しました。頻度によって指導に軽重をつけたつもりでした。

　しかし，Bさんの目には先生はAさんを贔屓していると映ります。「Aさんは勉強ができるから」「Aさんはかわいいから」「Aさんの保護者はうるさいから」などと理由をつけて噂を流します。客観的に見れば，いつも忘れ物してるのだから厳しくされて当然と思うところですが，まだ事態をメタ認知する力は育っていません。ですから，同じ物を忘れたのに自分だけ厳しくされるのは理不尽だと考えるのです。そしてAさんよりBさんの力が強ければ，Aさんがいじめの対象になることも十分あり得ることです。

　指導場面だけではありません。挨拶やちょっとした声がけや指名，教師の一つ一つの言動が平等かどうかを子どもたちは見ています。「私にだけ声をかけてくれない」「私はいつも指名さ

れない」「私の方を見てくれない」と思い込み(もちろんそれが単なる偶然であったとしても),教師を嫌ったり不信感を抱いたりするのです。

2 どうやって平等に接するか

先の忘れ物の例ならば,BさんにもAさんと同じように対応すればいいのです。忘れ物が多く気になるのであれば全体ではなく,個別に呼んで,

「この頃忘れ物が多いね。何かあったのかな？」

と尋ねます。そうすれば,失敗を責められているのではなく気にかけてくれていると受け取ります。いずれにしても,目立つ場面で子どもによって対応を変えるのは,最も不信感を抱かせる原因になります。

また,毎日全員に声をかける,挨拶は必ず目を合わせる,特定の子ばかりを指名しない等を意識することも大事です。教師の癖というものがありますから,自覚しにくいことかもしれません。記録を取って振り返ることは手間も時間もかかって大変ですが,全体を俯瞰するためには有効な手段です。

3 じゃあ,男女の公平性はどうでもいい？

男子も公平に扱われることを望みます。女子が嫉妬心や猜疑心から公平性を求めるのに対して,男子は正義感から公平性を求めます。「あいつだけいいな」ではなく,「どうして俺だけ」(あいつだってやっていたのに,俺だけ怒られるのは理不尽だ)と感じます。ですから,男女での差はつけない方が無難ではあります。男子に厳しく女子に優しく(この逆も)というのには,案外子どもは敏感です。注意するに越したことはありません。

高学年女子は依怙贔屓がお好き

1 全員が依怙贔屓されていると感じさせるべし

歌人・俵万智さんの小学校高学年の時の担任・田中先生は，

「私は依怙贔屓をします」

とおっしゃったそうです。俵さんは，依怙贔屓は先生が一番してはいけないことだと思っていたそうです。でも，

「あなたたち一人ひとり違うのに，同じように接する方がおかしいでしょう。勉強ができない子にはいっぱい教えます。そういう意味での依怙贔屓です」

と言われ，子どもながらに感心したと語っています（公立学校共済組合『共済フォーラム』，平成28年9月10日，p.2，3）。

田中先生がおっしゃる依怙贔屓とは，教師のエゴで子どもを身びいきするのではなく，

・一人ひとりの特性を見抜き，よさを伸ばし不足を補う。

・そのために，一人ひとりに向き合う。

ことなのだと思います。それはすべての子どもが望んでいることではないでしょうか。あなたのことをちゃんと見ているよ，あなたのことを理解しているよ，というメッセージを伝えることで安心感が生まれるのです。

2 教育相談は絶好のチャンスである

周りに誰もいない教育相談は，愛の告白に絶好のチャンスで

す。みんなの前で言われたら赤面してしまうことも,二人きりなら堂々と愛を語れます。そうです。教育相談は,教師から愛を伝える依怙贔屓のチャンスなのです。

どのように依怙贔屓するかといえば,その子のよさを語るのです。よさといっても誰にでも当てはまる当たり前のことではいけません。その子がこれまで誰にも言われたことがないこと,とっくに忘れ去っている些細なことを語るのです。

3 「事実＋価値づけ＋感情」を語る

些細なこと,特別なことを話すためには,事実①の収集が必要です。毎日の記録が欠かせません。メモを持ち歩いたり,一日の終わりに思い出して整理したりして情報収集をします。

事実が集まれば,その中から同じ価値づけでくくれるもの②を選びます。そして,その時の感情③を付け加えます。この3つの要素を組み合わせて伝えると,次のようになります。

始業式の時,先生の目を見て挨拶してくれた①でしょう？覚えてる？ 先生ね,あの時すっごく嬉しかったんだ③。人の目をまっすぐに見て挨拶ができる素直であたたかい子②だと思った。この2か月ずっとあなたを見ていたけど,本当にそうだった。プリントがなくて困っていたAくんに,さっと自分のを渡した①でしょう？ ああ,本当にこの子は優しい子②なんだって思ったよ。

ちなみに,愛の告白は教育相談の最後に語るのがポイント。最後が一番印象に残りやすいからです。上辺だけのお世辞は,女子はすぐにわかります。心を込めて伝えることが肝要です。

高学年女子は
ブレなさに安心する

1 嫌われても譲らないと覚悟すべし

吉田まゆみ作『のこり先生とラブティーチャー』という漫画に，2人の教師が出てきます。A先生は美人で生徒の言うことを何でも聞いてくれる柔和な先生で，B先生は見た目はダサくて融通の利かない厳格な先生。最初生徒たちはA先生を好み，B先生には文句ばかり。が，次第にA先生の授業は荒れ始めます。しかしB先生の授業はずっと変わらず成立し続けます。生徒たちも，厳しさの意味を初めて理解する，というストーリーです。

学級崩壊という言葉すらない時代に描かれたものですが，実に教師の在り方の本質をついた話だなぁと，時々このお話を思い出します。この漫画が教えてくれていることは，「嫌われてもいいから，大事なものは譲るな」ということです。

2 一度決めたら譲らない

「女子指導が苦手という教師は多い」での例で考えてみます。

名札を胸に付けたら服に穴が空くので付けたくないという訴えを退け，付けるように話します。納得し素直に従えば問題はありませんが，中には次のように返してくる子もいます。

Aさん：この服高かったんです。穴が空いちゃったらどうすればいいのですか!?

🧒 Bさん：お母さんも付けなくてもいいって言っていたから，付けません。

　さて，どのように返しますか？　Aさんは服の価格を，Bさんは母親を理由に出し，名札を付けないことを正当化しようとしています。つい納得してしまいそうになる理由です。あるいは，譲らなかったら女子に嫌われるかもしれないと思うかもしれません。もしここで許せば，他の女子はどう見るでしょうか。「ずるい，どうして一度決めたことを許すの？＝頼りない」と判断します。逆にここで譲らなければ，申し出た子には嫌われるかもしれませんが，周りの子は「先生はブレない，言いなりにならない＝頼りがいがある」と見るのです。

　望ましい対応としては，Aさんは穴が空いても平気な服を着てくること，または服の裏を補強してもらうことを伝えるのがよいでしょう。引っ掛かって穴が空かないように，遊びや体育の時に外させる指導も徹底します。Bさんは教師が保護者と確認，相談し，保護者も同意見であれば管理職の判断を仰ぎます。

💠3 譲らないけど威張らない

　服の穴や保護者を盾にして名札を付けないなんてずるい，生意気！と思ってしまったら，腹が立ちます。ずるをして規則を破る気だな，と憤りを感じます。そうなると，最初から「叱ってやろう」「指導してやろう」という上から目線の指導になってしまいます。高学年女子は頭ごなしが嫌いです。いくら正当な指導であっても信頼関係は生まれません。「穴が空くと嫌だよね」「かわいい服だから，気持ちはわかる！」など，女子の気持ちを受け止めた上で指導することが大事です。

高学年女子とは適切な距離をとる

1 遠慮があるくらいがちょうどいいと知るべし

年齢が近いほど，あるいは同性であるほど女子との距離は近くなりがちです。子どもと親和的にかかわることは決して悪いことではありません。しかし，距離が近くなりすぎると甘えが出てしまい，必要な指導が通らなくなってしまいます。特に，甘え上手な女子のペースについつい乗せられ甘やかしてしまう，言いなりになってしまうということが散見されます。「距離」に意識を向け，適切なかかわりができるようにすることが大切です。年齢やキャラによっても変わりますが，互いにちょっと遠慮がある距離，「親しき仲にも礼儀あり」が通用するくらいの距離は保っていたいものです。

2 敬語で距離を感じさせる

敬語は相手との距離をつくります。次の2つを読み比べてください。

○○先生，昨日のサザエさん，見た？
A：うん！見たよ！　サザエさん，また財布忘れてたよねー。
B：見ましたよ。サザエさん，またお財布を忘れていましたね。

Aは馴れ馴れしい，Bはよそよそしいと表現できるのではな

いでしょうか。Bのように「距離」を感じさせる話し方をしていると、子どもたちも次第に敬語で話しかけるようになってきます。自然と距離をつくることができるのです。

「休み時間くらい、タメ口だっていいんじゃない？」というお考えもあると思います。年齢やキャラによっては「あり」だと思います。しかし、自分は距離をとるのが苦手だ、なんとなくなめられているように感じるという場合は、休み時間もできる限り丁寧な言葉で会話するのが無難でしょう。弱弱しく遠慮しているようにならないために、相手の目をまっすぐ見ながら声に力を込めて話すのがポイントです。

3 服装で距離を見せる

服装は、大人と子どもの違いを見せる絶好のアイテムです。普段着はリラックスしたような雰囲気、スーツは畏まったような雰囲気が漂います。きちんとした格好には、きちんとした印象をもつものです。立場の違いを視覚的に線引きすることで、距離を感じさせましょう。

毎日スーツである必要はありませんが、社会人として恥ずかしくない服装ではあるべきです。また、行事や来客の予定がある時はスーツを着用し、場に応じた服装ができる「大人」をアピールすることも大切です。

4 整理整頓で距離をつくる

教室が整然としていると、「きちんとしている」という印象を与えることができます。とりわけ、教師用机の周りがきれいに整っているときっちりした厳しい人柄を演出できます。ちょっとしたことで、大人と子どもの距離を示すことができます。

第2章　高学年女子と信頼関係を結ぶ

高学年女子と大人として付き合う

1 高学年女子に甘える

　教師はいつも高いところにいて子どもを導く，というスタンスだけでは子どもはついてきません。信頼を得るためには，人間的な魅力をわかってもらうことも大事です。

　魅力というと素晴らしいところ，かっこいいことと思いがちですが，ダメなことやできなさの方に，人間味やその人らしさが現れるものではないでしょうか。そうしたダメさを開示された時に，相手が心を許して付き合ってくれていることを知るものです。

　高学年女子との関係も同様です。教師は大人といえども，欠点や苦手なものがあります。弱みを見せず完璧に過ごせるのであればよいですが，そうでなければ女子の手を借りましょう。失敗して取り繕ったりごまかしたりする姿よりも，ダメな自分を自己開示できることの方に誠実さを感じます。

「3時間目にこのプリントを配るのを忘れないように教えて」
「机の上がいつもぐちゃぐちゃになるんだよねー。片づけ上手な○○さん，宇野先生の断捨離手伝ってくれる？」
などのように，できないこと・苦手なことは甘えましょう。こちらができなさを開示することは，相手を信頼していること，大人と見ているということを伝えています。

2 高学年女子に相談する

　自己開示することの一つに，悩みを打ち明けることがあります。教師が女子に相談するという通常とは逆のパターン。前項の「甘える」より，さらに突っ込んだ内容になります。
　「夜，お菓子を食べるのをやめられないのだけどどうしたらいい？」
という軽いものから，
　「昨日，友だちにこう言われたんだけど，どう思う？」
など，高学年女子なら考えてみたい内容を投げかけます。関係づくりのための相談というニュアンスが強いですが，時折自分にはない視点の示唆を与えられることがあります。年齢と人格は比例しないということを学びますし，改めてその子の奥深さを知る機会にもなります。

3 高学年女子に任せる

　教師が一人で手に負えない時……例えば，お楽しみ会や1年生を迎える会の準備などで手いっぱいになることがあります。年度初めの忙しい時期も，あれやこれやで大変です。
　そんな時は，高学年女子に任せます。基本的な方針ややり方を伝えたら，後は任せます。製作物の色や大きさ，形や置く場所など「あなたたちのセンスに任せます」と伝えます。そうすれば，先生は私たちを信じてくれているし，私たちを高学年として認めてくれていると感じます。
　そして，実際に出来上がったものには大げさなほどの感動を伝えます。やっぱり君たちに任せてよかった，できると思っていたけど予想を超えるね，という言葉がさらなる信頼を生みます。

高学年女子に読ませたい本

◇『さかな1ぴきなまのまま』
佐野洋子作・絵(フレーベル館,1978年)
友だち探しに行く猫の話。友だちって何?ということを問いかけられる絵本。

◇『ハッピーバースデー』
青木和雄・吉富多美作(金の星社,2005年)
母親,友だちとの関係を通して,自分とは何かを考えさせられる本。

◇『ふたり』
福田隆浩著(講談社,2013年)
いじめ,友だち,淡い恋心……もっと自分を信じていいよというメッセージを感じる一冊。

◇『夏の庭』
湯本香樹実著(新潮社,1994年)
少年3人の成長物語。異なる他者と理解し合うことを教えてくれる本。

◇『モモ』
ミヒャエル・エンデ作,大島かおり訳(岩波書店,1976年)
言わずと知れたエンデの名作。本当の豊かさとは何かをずっと問い続けてくれる本。

第3章

高学年女子を タイプ別に理解する

高学年女子といっても,その性格は千差万別。しかし,それを敢えて4タイプに分類して考えてみてはどうでしょう。

女子の全体的な傾向を分析する

1 女子の特徴をまとめる

これまで述べてきた高学年女子は、あくまでも「全体的な傾向」「顕著な特徴」であり、もちろんすべての女子が当てはまるわけではありません。個々人はもっと複雑で多様です。

しかし、こうして特徴をピックアップしてみると、「女子」には男子とはちょっと違った要素が見えてきます。これまで述べてきたことから、高学年女子の全体的な傾向として、次のことが言えるのではないでしょうか。

- ・悪口や無視などで間接的に攻撃する　・群れて安心する
- ・みんなと同じで安心する　・おしゃべり、噂好き
- ・本音を言わない　・甘えたがり　・しっかりしている
- ・自分に厳しい　・責任感が強い

2 「自立と協調」がキーワード

こうした傾向の大小は、どのように現れるのでしょうか。「悪口を言う」を例に考えてみます。

同じ条件であっても、悪口を言う子と言わない子がいます。それはなぜでしょうか。

悪口を言いたくなる前提に「嫌い」「腹が立つ」といった感

情があります。その感情を「悪口」という形で発散するか,抑制するかがまずは考えられるでしょう。ただ我慢するだけではなく,分析したり理解したり,相談という形で発散するのも「抑制」であると考えています。

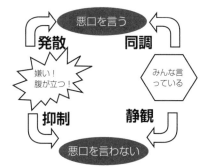

また,数名での会話の中に悪口が出る場合もあります。自分は当事者でないにもかかわらず同調してしまう子と,そうでない子がいます。「悪口を言うのは止めよう」と言える子はほとんどいないかもしれませんが,自分はそう思わないことを伝えたり,さりげなく話題を変えたり,あるいは肯定も否定もせず静観したりするなどして中立を保つ子はいるものです。

こうして分析してみると,その違いは「自立性」と「協調性」にあるのではないかと考えます。自立性とは自分を冷静に振り返り自分の考えで行動すること,協調性は周りのことを考えて親和的に行動できることと定義すれば,すっきりします。

感情を抑えきれずに発散するのは,自分を冷静に判断し行動することができないということです。悪口に同調するのは,一見協調性が高いように感じますが,当事者の気持ちを考えない独善的な行為であると言えます。協調性の対極にある自己中心的な行動と言っていいでしょう。

他の事例についても,「自立性」「協調性」という視点で考え整理することができるのではないでしょうか。

第3章
2

自立性と協調性で分類する

1 自立性と協調性の2軸で女子を考える

軸を起点に見ることのメリットは2つあります。一つは、同じ観点で個々を考えることにより、その子のよさと課題が顕著に見えるということです。人間関係のトラブルの原因を特定することにも一助となります。

もう一つは、集団の傾向を俯瞰できることです。分布を見ることで、集団としてのよさや課題を把握することができます。また、問題行動の予見にも一役買います。

2 まずは起点を決める

では、右の図を使って、クラスの女子を2軸で分類していきましょう。最初に起点をつくります。自立性、協調性が最も高い（と思われる）子、低い（と思われる）子の両方の点をうちます。これで基準ができましたので、この子たちに比べてどうかという視点で他の子たちも分類していきます。

集団の中での行動や関係性を見ることが目的なので、あまり深く考えず主観で分類してよいでしょう。自信がない、よくわからない時などは、次節のチェックリストも参考にしながら行ってみてください。

3 実際に分類し，傾向を掴む

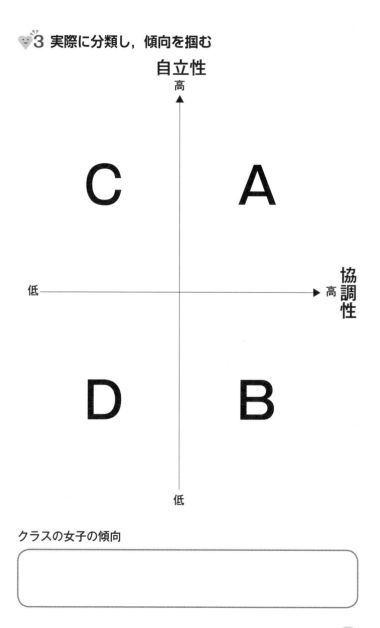

クラスの女子の傾向

チェックリストを使う

1 「自立性」チェックリスト（当てはまるほど自立性は低い）

- [ ] 周りの様子を見て，立ち位置や言動を決める。
- [ ] 職員室に，付き添いを連れてくる。
- [ ] 仲間と一緒のグループになりたがる。
- [ ] 人と同じ行動をとる。
- [ ] 友だちと同じ係や委員会に固執する。
- [ ] 人から誘われるのを待つ。
- [ ] 一人では行動できない。
- [ ] 何でも判断を仰ぐ。
- [ ] 何でも確認する。
- [ ] 指示されたこと以外は（あるいは指示されたことも）しない。
- [ ] 自分の想いや気持ちを誰かに代弁させる。
- [ ] 何でも人のせいにする。
- [ ] 否定されることを，極度に嫌う。
- [ ]
- [ ]
- [ ]

2 協調性チェックリスト（当てはまるほど協調性は低い）

- [ ] 気の合わない友だちと親和的にかかわれない。
- [ ] 自分と違う考えは，否定する。
- [ ] 自分に都合のいいようにしか言わない。
- [ ] 場の空気を読めない。
- [ ] 足並みをそろえて行動することができない。
- [ ] 人の悪口や噂話が多い。
- [ ] 人との距離感を把握できない。
- [ ] 特定の人としか，仲良くしない。
- [ ] ルールやマナーより，個人の好みや都合が優先。
- [ ] 面倒な仕事はしない。
- [ ] 当番や係の仕事をしない。
- [ ] 責任のある役割を人に押し付ける。
- [ ]
- [ ]
- [ ]
- [ ]
- [ ]

※空欄にはご自身で考えるチェック項目を書き入れましょう。様々な視点で「自立性」「協調性」を見取ることが肝要です。

女子を4タイプで見る

1 いるか女子はしっかり者のお姉さん

規範を守り，全体のことを考えることができる。自分なりの考えをもっているが，節度ある行動をとることができるため，他者に不快な思いをさせることはない。

いわゆる，まじめな優等生タイプ。

A　いるか女子
〔自立性○　協調性○〕

一頭でも群れでも上手に生活できるいるか。

2 ひつじ女子はほんわかやさしい同級生

自己主張するより，友だちと同じことをしていたい。ひとりぼっちになることを何よりも恐れ，嫌われるくらいならみんなの意見に賛同する。

自分から問題を引き起こすことはあまりないが，悪いと思っても仲間に追随してしまう。

B　ひつじ女子
〔自立性×　協調性○〕

群れていれば安心するひつじ。

💡3 おおかみ女子は孤高のキャリアウーマン

わが道を行くタイプ。自分の考えや価値観がはっきりしていて、それがたとえ周りからずれていても気にならない。一人きりで行動することにもあまり抵抗感はない。

人に迎合することはなく、判断の基準は常に自分。

C おおかみ女子
〔自立性○　協調性×〕

群れなくても平気な一匹おおかみ。

💡4 くじゃく女子は甘えん坊の小さな妹

依存性が強く、人ともうまくかかわれない。社交性はあるが、周りの空気を読んだり周りと足並みをそろえたりすることが苦手。

他人のことより自分、全体のことより自分、と自分を最優先する。好き勝手、自由奔放と表現したい。

D くじゃく女子
〔自立性×　協調性×〕

自分が一番好きなくじゃく。

※周りの環境や人間関係、あるいは発達段階やクラスの成熟度によって見え方は変化します。一度きりではなく、数回チェックすることで、変化を見取ることができます。

第3章
5

いるか女子とは敬意をもって付き合う

A　いるか女子

一頭でも群れでも上手に生活できるいるか。
〔自立性○　協調性○〕
規範を守り，全体のことを考えることができる。自分なりの考えをもっているが，節度ある行動をとることができるため，他者に不快な思いをさせることはない。いわゆる，まじめな優等生タイプ。

1 いるか女子を理解する

いるか女子を一言で言うなら，まじめな女の子と表現することができるでしょう。自立性も協調性も高いため，自分なりの考えをもちつつも，他者とも親和的にかかわることができるのが大きな特徴です。

学校生活においては，宿題をきちんと提出したり，当番や委員会活動などをまじめに行ったりする姿が目立ちます。グループなどのメンバーに固執することなく，誰とでも協同的に活動

することもできます。困っている人にいち早く気が付き，声をかけるのもいるか女子です。

　また，節度をもって人とかかわるため，いるか女子が原因でトラブルが起きることはほとんどありません。「自分は自分」という価値観をもっているため，基本的に人の悪口を言ったり噂話をしたりすることは好きではありません。仲間内でそんな場面に出合っても，いるか女子は真っ向から否定しないまでも，遠慮がちにほほ笑んだりその場からフェイドアウトしたりするでしょう。

　いるか女子の多くは，道徳的，社会的な良し悪しの判断をもっています。家庭でのしつけが厳格な場合も多く，挨拶や言葉づかいもきちんとしています。保護者から目をかけられて育っており，家族に話を聞いてもらったり，悩み事を相談したりするなどの関係性が保たれている場合が多いでしょう。

　しかしながら，小さい頃から「よい子」と見られることの多かったいるか女子は，プライドが高い反面，自己肯定感が低い面も見受けられます。失敗に極度の責任を感じてしまったり，他から見れば取るに足りないことで落ち込んだりしてしまいます。自分の無力さを嘆いたり，どうにもできない人間関係や物事に絶望感を抱いたりします。

　４タイプの中で，最も潔癖度が高いのもいるか女子。ルールや規範，人との和を重んじる，いるか女子だからこその特徴と言えるでしょう。

2　いるか女子は過程をほめて伸ばす

　いるか女子は「ほめて伸ばす」のが基本です。結果について

評価するのではなく，過程を丁寧に観察しましょう。難しい問題にも諦めずに向かっていた，困っている人に声をかけていた，何度も練習をしていた……など，いくらでもほめるポイントはあるでしょう。

いるか女子は，それでも結果にこだわる傾向がありますので，「結果ではなくあなたのその姿勢が素晴らしいんだ」と言い続けることが大事です。万が一，失敗した時のフォローも効果的に伝わります。

NG! 頭ごなしの指導は自尊感情を低下させる

いるか女子が何の考えもなしに行動することはありません。何かしらの意図があって行動に結び付いているのです。その理由も聞かずに，叱ったり非難したりすると，存在を全否定されたように感じます。「どうして私はそんなことをしてしまったのか」と自分を責め，自尊感情を著しく下げることにもなりかねません。完璧主義のいるか女子ですから，一度そうなると浮上してくるのはなかなか容易ではありません。行動の理由や動機を丁寧に聞き，理解を示しながら指導することが肝要です。

このフレーズがいるか女子に効く

◎あなたが誰よりも頑張っていることを先生は知っているよ。

◎大事なのは結果だけかな？　先生は，あなたが友だちと協力している過程こそが素晴らしいと思うよ。

◎たまには自分を甘やかしたっていいんだよ。十分すぎるほど頑張っているんだから。

ひつじ女子とは心を鬼にして付き合う

群れていれば安心するひつじ。
〔自立性×　協調性○〕
自己主張するより，友だちと同じことをしていたい。ひとりぼっちになることを何よりも恐れ，嫌われるくらいならみんなの意見に賛同する。自分から問題を引き起こすことはあまりないが，悪いと思っても仲間に追随してしまう。

B　ひつじ女子

1 ひつじ女子を理解する

　ひつじ女子にとって，誰かと一緒であることはとても重要なことです。「自分だけ」「一人だけ」「みんなと違う」ことに異常なほどに不安を覚え，とにかくみんなと同じことで安心するのです。

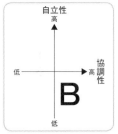

　彼女たちの周りには，いつも友だちがいます。職員室に行く時も，トイレに行く時も，音楽室に移動する時も，もちろん，休み時間も。

　本当は心の中で「今日は暑いからドッジボールをするのは嫌

だなぁ」と思っていても，友だちがドッジボールをしにグラウンドに行くと言えばついていきます。委員会の所属を決める時も，友だちが選んだ委員会を選びます。修学旅行や宿泊研修のグループも，仲良しの人で集まります。

　自分の意見が少数派だったなら，みんなの前でそれを言うことはありません。多数派の意見に決まったなら，「ああ，やっぱり言わなくてよかった」と思います。

　基本的に，ひつじ女子は平和主義です。自ら問題行動を起こすことはあまりありません。しかし，友だちの判断で行動したり友だちの考えに迎合したりするので，「それはダメでしょ」ということもしてしまうのです。

　例えば，Aさんに対する悪口が出た時，自分はAさんに全く悪い印象をもっていなくても（むしろ，好意を抱いていても），ついつい同意してしまいます。仲間外しにしようなんて話になったとしても，止めようとは言い出せません。本当は，自分が正しいとわかっていても，止めた方がいいと思っていても言えないのです。

　それは，ひつじ女子にとにかく自信がないことに起因します。もし，「やめよう！」と言った後，友だち関係が悪くなったとしても，自分にはもっと違う友だちができるとか，仲間外しをする人たちと友だちでいるくらいなら一人の方がいい，という選択肢もあるのに。それができる自信がないのです。自分は無力だと思っているのです。ひつじ女子が人と同じ行動をとるのも，友だちと一緒じゃなきゃ不安なのも，すべて自分に自信がないからです。みんなと協力してグループ学習や当番活動など

を行ったり，人知れず床を磨いたりはがれた掲示物をそっと直したりすることができるひつじ女子なのに……。

2 ひつじ女子は自己決定させて伸ばす

　ひつじ女子に自信をもたせるためには，自己決定させる場を増やすことです。指示や注意を極力減らし，自分で選択したり判断したりする場面を増やすことです。

　一方で，うまくいかなかった時には，自分で決めたことを大いに認めつつ，悔しかったり悲しかったりした気持ちに寄り添いましょう。わかってくれる，一人じゃないと思えたら，ひつじ女子はまた頑張れます。

NG! 責める指導は自信をなくさせる

　自信のないひつじ女子を責めると，チャレンジすることは損をすることだと学ばせてしまいます。

　失敗してもチャレンジした自分を抱きしめてあげられるような言葉がけをしましょう。

このフレーズがひつじ女子に効く

◎大丈夫。失敗しても命までは取られないんだから。

◎せっかくこの世に生まれてきたのに，誰かのまねばっかりしていたら「あなた」じゃないよ。

◎失敗なんてないんだよ。あなたが勇気を出してチャレンジしたんだから，花丸だよ。

◎強くなったね。一人で頑張り続けた成果だね。

おおかみ女子とは対等に付き合う

C　おおかみ女子

群れなくても平気な一匹おおかみ。
〔自立性○　協調性×〕
わが道を行くタイプ。自分の考えや価値観がはっきりしていて，それがたとえ周りからずれていても気にならない。人に迎合することはなく，判断の基準は常に自分。

1 おおかみ女子を理解する

　おおかみ女子は，アウトローです。人の意見に迎合しません。おおかみ女子は，マニアックです。自分だけの世界観をもっています。

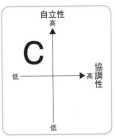

　おおかみ女子は，マイノリティです。一人でいることが多いけれど，決して友だちがいないわけではありません。そう，おおかみ女子は，わが道を行く人間界のスナフキンなのです。

　このタイプの女子は，クラスに一人いるかいないかというと

ころでしょう。休み時間もずっと読書をしている，好きなゲームやアニメのキャラクターの話をしている……。人と群れて何かをすることはほとんどなく，一人の時間を大事にします。遊びたくない時に誘われても，
「今日はずっと本を読んでいたいから遊ばない」
とはっきり断ります。しかし，一人でいることばかりを好んでいるわけではなく，時にはみんなでおにごっこやサッカーをして楽しむこともあります。

　一般的に周りから理解されにくいので，友だちは多い方ではありません。保護者はそんなおおかみ女子を心配します。しかし当の本人は全く意に介しておらず，気の合わない人に気を遣うくらいなら友だちなんていらないと思っています。しかし，おおかみ女子のよさがわかる友だちに巡り会えれば，親密な関係を築いていくことができます。共通の趣味があれば，一気に二人の世界に浸ることでしょう。

　おおかみ女子は，理論的に物事を考えます。学級会で偏った意見や理不尽な考えが出された時は，理路整然と反論します。あまりにも正論すぎて，周りはぐうの音も出ないこともしばしば。しかし，この理路整然とした正論が，時に「うざい」「まじめすぎてついていけない」という評価につながることも。

　そういった意味では，クラスの中で「変わり者」と評されいじめや陰口の対象になりやすいと言えるでしょう。意見を丁寧に解説したり，誤解されない言い方を教えたりするなど，周りから浮かないようにフォローすることが大切です。

2 おおかみ女子は違いを認めて伸ばす

おおかみ女子は,ともすれば「みんな一緒」「みんな仲良し」という学校理論に反する言動をします。

例えば,休み時間も本の続きが読みたければ,おおかみ女子は全員遊びをしたくないと言うでしょう。そういうおおかみ女子を,多くの教師は(もしかしたら,多くの子どもたちも)「わがまま」と見るのではないでしょうか。しかし,休み時間くらい好きなように過ごしたいという考えは,果たしてわがままなのでしょうか……。

学校理論や多数決の理論は,時におおかみ女子の心を傷つけます。彼女たちがすくすくと成長していくためには,否定・排除せずに認めることが大切なのです。

NG! 力の指導は軽蔑心を生む

おおかみ女子は理論派です。力任せの指導を何よりも嫌います。例えば,「ダメと言ったら,ダメ!」とか,「そんなの社会の常識だろう!」という指導では納得しません。力でねじ伏せる指導を軽蔑することもあります。おおかみ女子を納得させるためには,理論的に説明できることが大切なのです。

このフレーズがおおかみ女子に効く

◎あなたには,あなたにしかできない物の見方があるよね。それはあなたらしいということだから,大事にしてね。

◎世の中多数決で決まることが多いけど,それだけが正しいってことではないよね。少数派が正しいことだってある。あなたは,そういう物の真理をちゃんと考えられる人だと思うよ。

第3章 8

くじゃく女子とは根気よく付き合う

D　くじゃく女子

自分が一番好きなくじゃく。

〔自立性×　協調性×〕

依存性が強く，人ともうまくかかわれない。社交性はあるが，周りの空気を読んだり周りと足並みをそろえたりすることが苦手。他人のことより自分，全体のことより自分，と自分を最優先する。好き勝手，自由奔放と表現したい。

1 くじゃく女子を理解する

自立性，協調性ともに低いくじゃく女子。問題行動の中心にいるのは，大抵くじゃく女子。

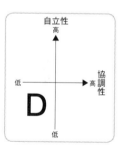

群れるというより，つるむ。自己主張というより，わがまま。自由奔放というより，自分勝手。社交的というより，無遠慮。人の噂や悪口が大好き。世界の中心はいつも自分だから，自分の行いが他者や集団にどう影響するかなんてお構いなし。ルールや規範より，今の気分，自分の好みの方がずっと大事

第3章　高学年女子をタイプ別に理解する

……。

　くじゃく女子はお子ちゃまです。ですから，自分の行動に責任をもちません。好き放題です。それで，自分が不利益をこうむれば，相手が悪い，社会が悪いとわめきます。

　くじゃく女子はお子ちゃまです。ですから，自分のことしか考えません。それで人が傷つけば，あいつが悪いんじゃん，私は悪くないしー！と言います。

　くじゃく女子はお子ちゃまです。ですから，空気が読めません。場違いな言動も，みんな「ウケル！」の一言で済ましてしまいます。……。言いすぎでしょうか……。まあ，くじゃく女子を一言で言うなら「わがままな子ども」なわけです。クラスには，このタイプの女子が存在します。仲間外しやグループ抗争につながるような悪口や噂話を流すのが，くじゃく女子の最も厄介な特徴です。言い換えると，くじゃく女子とのかかわり方がうまくいけば，女子問題の多くは解決すると言っても過言ではありません。

　前文をお読みいただくと，「くじゃく女子＝ヤンキー，コギャル（死語ですか？笑）」をイメージされた方も多いのではないかと思います。くじゃく女子の多くは，ヤンキーやコギャルと評されるようなやんちゃな女子であることは間違いありません。しかし，一見いるか女子やひつじ女子に見える中にもくじゃく女子がひそんでいることが，女子指導の難しさを生んでいるのです。

2 くじゃく女子はよさを認めて伸ばす

　くじゃく女子にも必ずよい面があります。問題行動が多けれ

ば，どうしても負の評価に偏りがちになりますが，マイナス面と同じだけ，いえ，それ以上によさをもっているはずです。

想像するに，くじゃく女子にはそれまで認められてこなかったという背景があるように思います。ありのままを丸ごと受け入れられた経験が少ないから，愛情を屈折した形で表面化させてしまうのではないでしょうか。

そんなくじゃくに必要なのは成功体験を積ませること。そして，よさを見つけてたくさん伝えることです。「×」ではなくたくさんの「花丸」を付けることです。そうすることで承認された満足感を得，教師への信頼関係が生まれます。「ダメなことはダメ」が通じる関係には，こうした土壌が必要です。何度でも，当たり前のことを根気よく伝えていくことが大切です。

NG! 甘やかしの指導は傲慢になる

彼女たちは甘え上手です。こちらの懐に入り込むことに長けています。甘えて許してもらおう，言うことを聞かせようと無意識に思っています。特に，男性教諭は翻弄されてしまい，ついつい言うことを聞いてしまう傾向にあるようです（もちろんそれを見抜ける男性教諭もたくさんいます）。

前述したように，ダメなものは決して譲らないことが肝要。自己中心的な甘えには毅然とした態度で接することが大切です。

このフレーズがくじゃく女子に効く

◎○○してくれてありがとう。あなたって，本当に優しくてよく気が付く子だね。

◎ちゃんとできたね。それでいいんだよ。頑張ったね。

混合タイプを知る

1 むしろぴったりは少ない

以上4つのタイプについて解説してきましたが,すべての女子がぴったり4タイプに当てはまるわけではありません。むしろ,いくつかのタイプが混合している場合の方が多いかもしれません。また,3タイプ混合,4タイプのちょうど中間という子もいることを覚えておきましょう。

2 最も厄介なのは「いるか×くじゃく」

この2つは対極にいるので,厳密に言えば混合することはあり得ません。正しくは,「いるかに見えるくじゃく」です。

いるかは,厳しく丁寧に育てられた傾向にあります。それなのにくじゃくということは,条件付きでしか存在を受け入れられていない可能性があります。勉強ができてこそのあなた,勉強ができないあなたはあなたじゃない,のように。

純粋なくじゃくタイプは,すぐに言動に表れるためすぐに問題が顕在化します。しかし,このタイプは,世間的にどう振る舞わなくてはならないかをよく知っているため,大人の見えないところで問題を起こします。見つかると評価が下がることも承知しているため,やり方も巧妙です。そのくせ,認めてほしい,わかってほしいという想いが強く,否定的・非難的な指導をすれば,教師を理解者とは見なしません。裏で舌を出し,同

じことを何度も繰り返すでしょう。

3 次に厄介なのは「ひつじ×くじゃく」

ひつじは基本的に人に合わせるタイプです。それが、悪口や噂好き……となると、悪気がないけど悪口や噂をばらまくことになります。

「Aさんが、Bさんの悪口言ってたよ。ひどいよね！」といったことをBさんに告げ口しちゃうタイプはいませんか？　このタイプがたくさんいると、女子の人間関係はかなりこじれてしまいます。教師が介入しながら、人との関係づくりを1から教えなくてはなりません。

4 孤独になりやすいのは「いるか×おおかみ」

いるか要素の混合度が高ければ高いほど、孤独感を味わいやすいと言えます。まじめすぎて、正義感が強すぎて、かといって周りと折り合いをつけることも難しい……。おおかみの端っこまで振り切っていれば、「自分は自分」とわが道を歩めるのに。

5 第2のリーダー，調整役の「いるか×ひつじ」

「出る杭になりたいけど躊躇」というのがこのタイプ。学級では第2のリーダー，調整役として活躍します。小学校時代の経験によっては、中学校でいるかとして活躍する可能性も大。

6 滅多にいないけど、いたら大変「おおかみ×くじゃく」

想像してください。自分勝手で悪口や噂話が大好きで、それでいて自分は自分という強い信念をもった高学年女子。大人顔負けの理論でくってかかり、自己中心的な行動をする……。

長い教員人生で1人しか出会ったことがありませんが、大人と子どもが同居したような彼女の指導は、なかなか大変でした。

第3章
10

平均的バランス集団は問題がないのが問題と心得る

💗1 平均的バランス集団はひつじが多い

いるか	4
ひつじ	7
おおかみ	1
くじゃく	3
計	15(人)

くじゃく 20%
いるか 27%
おおかみ 7%
ひつじ 46%

　全国的に統計を取ったわけではありませんが，これまでの経験や他学級の様子から考えると，クラスに最も多く存在するのがひつじ女子であると言ってもいいでしょう。ようやく自我が芽生え始めた時期ですので，「実はいるか」「実はくじゃく」という「着ぐるみを着たひつじ」も多いと予想できます。成長とともにいるか，くじゃく傾向の子が現れるでしょう（ちなみに，おおかみはわりと小さい頃から顕著に特徴が現れます）。

　おおかみはクラスに1人いるかいないかで，いるかもそう多くはありません。女子の総数を15名と仮定すると，3，4人といったところ。くじゃくはいるかよりやや少なめの2割程度で

はないでしょうか。

2 問題がないのがなぜ問題か

3人のくじゃくが大物ではない限り，大きな問題が起きずに一年を終えられるでしょう。いるかが健全にリーダーシップを発揮し，うまく人間関係を調整しながら生活します。グループ決めなどで揉めることもなく，気持ちよく活動できることが予想されます。

大きな問題は起きないかもしれませんが，それは逆に言うと成長のチャンスがないことも意味しています。天国のような集団で過ごしたばかりに，自分で問題解決する力が育たないかもしれません。敢えて問題を起こす必要はありませんが，問題意識をもって生活できるようなかかわり方が必要です。

3 役割を固定化させない

こうした集団では，いるかが絶対的存在になりがちで，力関係が固定化する可能性があります。いるかはいい子，リーダーシップを発揮するのはいつもいるか，譲るのも引き受けるのも何でもいるか……となりかねません。場合によっては，くじゃくが下に見られ依存する関係から抜け出せなくなる可能性もあります。

そうならないためには，いるかのリーダーシップを認めつつ，ひつじやおおかみにリーダー的役割を委譲していくことが必要です。役割を固定化しないことで，人間関係にも動きが生まれます。ひつじやおおかみがいるかに近づくチャンスですし，いるかにサポート役を経験させることで，改めてリーダーとしての立場を俯瞰させることができます。

大人しいクラスは着ぐるみだらけと心得る

1 大人しいクラスはひつじだらけ

いるか	1
ひつじ	12
おおかみ	1
くじゃく	1
計	15(人)

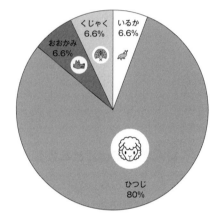

　実際にはこうした集団は少ないかもしれませんが、この比率に近いところはあるのではないでしょうか。いわゆるリーダー不在の学級です。

　これだけひつじが多ければ、恐らく「着ぐるみを着たひつじ」はたくさんいると推測されます。なぜ着ぐるみを着なくてはならないかというと、着ることで危険回避できることを学んできているからだと考えます。

　例えば、学級崩壊を経験したり、悪い力関係が蔓延した中で窮屈な思いをしたりしたことがあれば、黙っている方が安全であることを学びます。そこまでひどくなくても、受容的風土の

ない教室で育ってしまっていれば、目立つのは損だと思ってしまいます。ですから、必然的に「物言わぬ閉鎖的な集団」（ひつじたちの沈黙、と呼びたい……）が出来上がるのです。ひつじが異常に多いなと感じたら、気質的要因か環境的要因かを見極めることが大切です。

2 物言わぬことは無責任である

こうした集団では、授業中の女子の挙手はほとんどないでしょう。○○委員長とか○○長といった責任を伴う仕事をやりたがらないでしょう。また、学級会などの話合いで意見を言ったり反論したりすることもないことは、想像に難くないでしょう。

目立った揉め事もない代わりに、楽しさも喜びも共有されることはありません。表面的で冷めた集団になることは必至です。

3 自己主張することを強制する

「自分一人だけ目立つのは嫌」という心理の裏には、「誰かと一緒ならできる」という思いが隠れています。自分の本当の気持ちを話したい、思いきり楽しみたいという思いは誰しもが大なり小なりもっているのではないでしょうか。

そこで、自分の考えを話すことを強制すれば、表面的には「仕方なく言わされている」と見せることができます。自分だけではなく、みんなが強制されるので、一人だけ目立つことにはなりません。最初は、うまく言えなかったりみんなと同じことしか言えなかったりするでしょう。「聞こえる声で」「前の人と違う言葉を使って」など、小さなハードルを設けることで、徐々に目立つことに慣れさせていきます。失敗が嫌いなひつじへ、「チャレンジしたことへの承認」も忘れずに。

第3章 12

たった3人でも問題多発と心得る

1 いるかよりも数が増えればパワーバランスは逆転する

いるか	2
ひつじ	9
おおかみ	1
くじゃく	3
計	15(人)

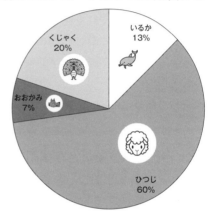

　一見，ごくごく普通の集団に見えるかもしれません。しかし，「平均的バランス集団」と比べると，いるかよりくじゃくが多いことがおわかりになるでしょう。この集団はリーダー不在とまではいきませんが，いるかがリーダーシップを発揮しにくい集団であると言えそうです。なぜなら，くじゃくが3人いるからです。

　くじゃくが3人であるということは，それだけ問題が起きるリスクが高まります。2人より3人の方が威力が増しますし，何より人数が増えることによって摩擦が生まれます。3人の人間関係の崩れが，女子全体の，あるいは学級全体の人間関係の

崩れに波及することも視野に入れておかなくてはなりません。

2 自分たちだけで完結しない

くじゃくが多いことにより、こまごまとした人間関係の問題が発生することが予想されます。

まずは、この3人の人間関係。多くの場合、くじゃくはくじゃくと行動を共にします。よって、くじゃく軍団がグループをなすというのは確率的には高いでしょう。

3人が仲良くできている時はよいのです。が、ひとたび亀裂が入ると周りを巻き込みます。巻き込むターゲットはひつじ。気の弱いひつじがどちらかの味方につけば、対抗するようにもう一方も味方を引きずりこむ。あるいは、自分はいじめられたと大騒ぎをする……。次第に男子も巻き込み、いるかはひつじの着ぐるみを着て大人しくするしかない……学級はめちゃくちゃになります。

3 ひつじの自立がカギを握る

指導のコツは、ひつじたちを迎合させないということです。いるかやおおかみは、こういう場合はわりと静観の立場をとります。数も多く迎合しやすいひつじたちがくじゃくに同調するから、問題が大きくなり複雑化するのです。いかにひつじたちを中立の立場に置くことができるかがキーになります。

「当事者でもないのに問題に首を突っ込むのはみっともないし、いずれ嫌われる」ということを、早い段階から教えておくことは有効です。そして、ひつじたちの自立度が学級経営を左右すると言っても過言ではないことを肝に銘じ、育てていかなくてはなりません。

第3章　高学年女子をタイプ別に理解する

学級崩壊の可能性大と心得る

1 くじゃくが多ければやっぱりこうなる

いるか	3
ひつじ	5
おおかみ	1
くじゃく	6
計	15(人)

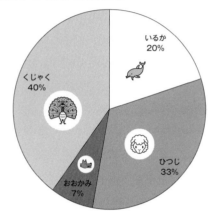

　ごくまれに，こうした集団に遭遇することがあります。くじゃく気質の子がたくさん集まったということは有り得ることでしょう。しかし，もしかするとそれまでの集団の育ちや人間関係のせいで，そうなっているのかもしれません。

　学級が無秩序で，きちんとすることが無駄だ，無意味だ，むしろ損をすると学習してしまった場合，いるかやひつじたちはくじゃくに変身します。わが道を行くおおかみさえもくじゃくに変身するかもしれません。そうすれば，嫌な思いをしないし，何よりいじめられるリスクが減るからです。しかし当然ながら，充実した学校生活とはなりにくいでしょう。

2 無秩序が蔓延する

　これは，かなり大変な学級になることが予想されます。何しろクラスのイニシアチブをとるのがくじゃくですから，当番活動が滞ったりルールがないがしろにされたりすることが頻発するでしょう。意欲的に学習をしたり楽しく遊んだりする経験を積むことも難しいことが予想されます。学級集団として成立させること自体，困難を極めるかもしれません。

　人間関係もぐちゃぐちゃになります。ひつじはくじゃくに同調し，いるかはいじめの対象にならないようにひっそりと暮らします。おおかみは，いじめの対象になるかもしれません。

3 きっちりつくって，はずれない

　一度出来上がってしまった学級の雰囲気を壊すのは，そう簡単なことではありません。ですから最初が肝心。「厳しい」と言われても，初めから枠を広げず自分が掌握できる範囲で指導します。曖昧な部分をつくらず，ルールに従って明瞭に指導することを心がけます。初めは不満が噴出しても，こちらがブレない指導をすることで，「この先生はこういう人なのだ」と向こうが諦めます。時間はかかりますが，こちらの指導方針に慣れるまで辛抱強く在り続けることが肝要です。

　ブレない指導をするためには，指導事項を明文化して携帯したり掲示したりしておくことが重要。また，「うちのクラスはダメなのに，どうして隣のクラスはいいの？」という不満が出ないように，学年や学校でルールを統一しておくことも必要です。

幸せになるために生まれてきた

　ある年の仕事帰り，私は近所のコンビニに寄りました。レジに品物を置いた途端，「宇野先生!!」という叫びにも似た声が耳に飛び込んできました。そこにいたのは，数年前，5，6年で担任したAさんでした。

　Aさんは，わがままで自分の思い通りに周りを動かす子でした。身なりも派手で平気で教師を呼び捨てにしていました。女子からは恐れられ，男子からは嫌われていました。友だちとのトラブルも絶えず，私も彼女とぶつかることも少なくありませんでした。

　しかしながら，彼女は聡明な子でもありました。夢は小児科医になること。国境なき医師団に入って，世界中の子どもを救うことが夢でした。東日本大震災の時には，自分にできることは心から祈ることだと言いました。自分で稼いでもいないお金を寄付するのは，なんだか偽善だと。私は彼女に言い続けました。あなたは素晴らしい力をもっている，世界を変えるエネルギーをもっている，それは人のために使って初めて意味をなす，と。ぶつかりながらも，私たちは何度も本気で話し合いました。

　数年たった今，彼女は難しい状況にいながらも，夢に向かって走り続けていました。あなたが悩みながら歩いてきた道は，きっと幸せにつながっているよ，頑張れAさんと心から思います。自分で幸せを掴もうと逞しく生きるAさんに幸あれと，願わずにはいられません。

第 4 章

高学年女子の問題行動に対応する

高学年女子の問題行動は多岐にわたります。具体的な問題場面を例に,指導法を考えてみましょう。

基本は笑顔で譲らない

💚1 いつも笑顔を心がける

「ねえ，朝読書で漫画読みたいんだけど，いいよね？」
と女子から話しかけられたら，多くの教師はムッとするのではないでしょうか。教師に話しかけるというよりも，友だちに話している感じがします。一応許可を得ようとしていますが，許可を強要するような話し方です。ちょっと馬鹿にされたような気がするでしょう。つっけんどんな話し方なら，なお，腹が立つのではないでしょうか。

だからこんな時，つい険しい表情で「ダメに決まっているでしょう!!」と叱責しそうになってしまいます。険しい表情でダメ出しされれば，受け取る側は必要以上に否定された気持ちになるものです。口調が厳しければ，上から言い渡されたように感じます。本当は「ダメ」と言うことだけを伝えたいのに，表情がそれ以上のものを伝えてしまうのです。例えば，

・嫌い　・憎い　・怒り

というような，負の感情を含蓄してしまいます。

そうなると，子どもは「私は嫌われている」と思います。教師が「ダメ」と言うのは正当な理由があるのではなく，私のことを嫌っているから許可してくれないのだと考えてしまうのです。一度こういう構図が出来上がってしまうと，すべての指導

が通りにくくなります。どんなに正論であっても,教師は自分を嫌っているから理屈をこねて意地悪をするのだ,と受け取るのです。

ですから,基本はいつでも笑顔を心がけることが大事です。表情が柔らかいだけで,正の感情を伝えることができます。

・好き ・楽しい ・嬉しい

申し出を断ったとしても,それは感情と切り離されて「ダメ」という事実だけを受け取ることができます。教師は自分を好きだけれども,これは許されないルールなのだと理解するのです。

2 しかし,決して譲らない

女 子:ねえ,朝読書で漫画読みたいんだけど,いいよね？

教 師:漫画はダメですよ。

女 子:えー!? ダメなの？　去年はよかったのに！　いいじゃん！

さて,みなさんなら,これに何と返しますか。

私なら,

「今年は漫画をダメにしたの。だからダメです」

と答えます。それでも引き下がらず,「けち」とか「ひどい」とか言われても決して引いてはいけません。一度引いたラインを後退させると,この先生はわがままを言えば何でも言うことを聞いてくれると学習させてしまいます。あくまでも笑顔で譲らないことが,主導権を渡さないことにつながるのです。

愛があるから指導が通る

💚1 自己愛が強い傲慢さは伝わっている

　毅然として引かない「在り方」は大切なことです。時には，人を寄せ付けないような見えない線を引くことは指導において絶対に必要です。しかしそれは，子どもを冷たく突き放す指導ではありません。現象として「突き放す」ように見える指導の根底にも「愛」があるのが前提です。

　「愛」というと抽象的でわかりにくいもののように思われるかもしれません。子どもがかわいいと思うとかよく育ってほしいとかということではなく，指導のベクトルが自分ではなく子どもに向いているかということです。

　例えばけんかの指導をした時に，「うまく指導しよう」「ちゃんと謝らせよう」というのは，ベクトルが自分に向いた考え方です。指導の先には自分の満足があります。こうなれば，指導がうまくいかなかった時には，責任を子どもや保護者に押し付けます。

　「どうせあいつだから」「あそこのうちの子だから仕方ない」こんなことを平気で言えてしまいます。残念で悲しい発言だなと思います。この先生は自分が誰よりも優れていると思っているから，できなさや足りなさをマイナスとしてしか見られず，高いところから見下ろす発言をするのだろうと思います。「愛」

のかけらも感じません。自分にばかりベクトルを向けた，自己愛の塊です。

こうした傲慢さを，子どもたちは意外とわかっているものです。子ども特有の「勘」で，言動の端からにじみ出るものを敏感に感じ取ったりするのです。特に，高学年女子はシビアに教師を観察していますから，表面的には慕っているように見せても，心の中では信用していないばかりか軽蔑しているということがあるものです。

2 ベクトルを子どもに向ける

子どもにベクトルが向くと，できなさや足りなさをいろいろな角度から見ようとすることができます。その子が幸せになるには，できなさや足りなさを補えるものは何かという視点で考えられるようになります。だから，その子ができるようになったことが幸せであり，喜びであると思うことができるのです。「あいつができるようになったのは，僕の指導のおかげです」とは，露ほども思わないでしょう。子どもを愛するとは，こういうことを言うのではないかと私は思っています。

3 人を信じようと思える時

自分が大事にされていると感じるのはどんな時でしょうか。直接「大事です」と言われてわかることもありますが，自分を尊重してくれた時に「大事にされた」と感じるのではないでしょうか。決めつけずにちゃんと話を聞いてくれた時，自分を信じてくれた時，不利な立場でも味方になってくれた時……。自分に愛のベクトルが向いていると実感できた時，子どもは自然と素直になりますし，指導を受け入れることができるのです。

周囲から浮いている子にベクトルを向ける

1 周囲から浮いている子とは

周りから浮く子は、大きく4つのタイプに分けられます。

・周りの子よりも外観も言動も派手な子

「みんな子どもっぽいよねー」
が口癖。ある分野において、他の子たちより知識をもっている場合が多く、自ら「浮く」ことを選んでいるような言動も。くじゃくに多く見られます。

・極端にまじめな子

「常識的に考えれば、間違っているのは○○です」
的なことをよく言う子。真っ向から正論を述べます。間違ってはいないのですが、上から容赦なく論を展開しようとするので煙たがられることも。断然おおかみに多いでしょう。

・地味な子

大人しすぎるあまりクラスの中で目立たない存在。普段浮くことはあまりありませんが、行事やグループ決めの時に「浮く」ことが多いもの。ひつじやおおかみに見られます。

・不思議な子

いわゆる天然と言われる子。コミュニケーション能力に長けていればそれなりに受け入れられますが、あまりにもぶっ飛んでいると理解されるのが難しく、浮く傾向に。ジャンルは不明。

2 違いが排除されるクラスでは，浮く

 どんな子であれ，浮いているということは学級の人間関係がぎくしゃくしている証拠です。そもそも自分とは違った人格の人と付き合うのが社会なのに，違うことが排除されてしまうのはそこに上下関係や偏見が存在しているということです。グループづくりの時にどこにも入れない，行事の時に一人でポツンといる場合は，間違いなくその子は浮いています。

3 好きな者同士はあり得ない

 「浮いた子」をつくらないためには，「好きな者同士」で活動させないことが一つの方法です。

 そもそも学校は，どんな人とでも円滑にかかわれる力を育む場です。自分と気が合う人はもちろん，そうでない人やよくわからない人ともわかり合う中で，違いを理解したり受け入れたりして自分なりのかかわり方を学ぶのです。そうするためには，いろいろな人とかかわることが前提です。好きな者同士で活動させるということは，そうした学びの機会を教師が奪うことと同じなのではないでしょうか。

 そうはいっても，仲良し同士でなければ活動がうまくいかない，結局問題が起きて大変だ，という声はあるでしょう。でもそれは，ベクトルが教師に向いているからそう感じるのではないでしょうか。指導のしやすさにばかり目がいき，どういう子どもを育てたいか，どういう力をつけたいかという教育観，子ども観が欠如しているように思います。

 教師だけではなく，子どもにも趣意を説明し納得させ，丁寧にコンセンサスを図りながら進めることが大切です。

暴言・暴力が目立つ子にベクトルを向ける

1 暴言・暴力が目立つ子とは

　前述したように，女子の攻撃性は裏に隠れる可能性が高いため，表立って暴言を吐いたり暴力をふるったりする子はさほど多くはないでしょう。にもかかわらず，暴言や暴力が目立つということは，いくつかの背景が考えられます。

・悪気はなく，乱暴な言動がくせになっている場合もあります。言動に悪意は感じられませんが，周りから一歩引かれていたり，陰で疎まれていたりすることもあります。

・感情をコントロールすることが困難な子がいます。例えば，通路がふさがっている時，

　「ちょっとよけてもらえる？」

という言葉が浮かぶ前に怒りに任せた言動が出てしまう子です。「うるせえな」「きもい」「死ね」などの言葉が，その子にとっての不快を表す言葉になっています。

　また，明確に叩く，蹴るという暴力の他，力任せにぶつかる，押す，物を投げたり奪ったりすることで怒りを表現することもあります。対象は男子であることが多く，いじめられている女子に向けられることもあります。

・教師や大人，友だち，学級等に不満があることを伝えたくて（多くの場合無意識），意図的に乱暴な振る舞いをすることが

あります。また，自分を強く見せるため，他から攻撃されないための防御と捉えることもできます。

2 嫌われるか，怖がられるか

悪意の有無にかかわらず，乱暴な言動は人を遠ざけます。疎まれて孤立するか，怖がられてボス化するかのどちらかになるでしょう。この2つは現象的には相反するものとして映りますが，「受け入れられていない」という点で根本は同じです。

ただ，この年齢の子たちは，大なり小なり「乱暴なことがかっこいい」という価値観をもっています。乱暴な子がボス化した場合，学級が暴言や暴力にまみれてしまう可能性があります。そうなると，人や物を大事にしなくてもいいという空気が醸成され，次第に学級は荒れていくでしょう。

3 自尊心を傷つけないようにしながら事実を伝える

高学年は，少しずつ自分を客観視できるようになる年齢です。まずは，自分の振る舞いを客観的に見たり判断したりさせます。反抗心や反社会的な気持ちがある場合は，「わからせよう」「教えてやろう」という教師の想いに反発し，素直に受け入れられないことも考えられます。頭ごなしに伝えるのではなく，できるだけ忠実に事実を伝えます。その上で，別な人が同じことをしているとしたらどう感じるかを訊いてみます。そこで，はっと気が付く場合もありますし，「だから何？」という反応が返ってくる場合もあるでしょう。その場合は，批判的にならないように注意を払いながら，周りが受け取る可能性のあるメッセージを伝えます。「そんなふうに評価されることをどう思う？」などと聞きながら，行動を自分で選択できるように促します。

第4章
5

「めんどくさい」と言う子にベクトルを向ける

1 「めんどくさい」と言う子とは

　何でもめんどくさがる子は，クラスに一定数存在します。勉強するのもめんどくさい，掃除をするのもめんどくさい，遊ぶのもお楽しみ会をするのもめんどくさい……。

　こうした子の特徴として，受け身であることが挙げられます。楽しみとは人から与えられるものではなく，自分の手でつかみ取っていくものです。用意されたものではなく，見つけて獲得するものです。与えられることに慣れきっているので，自分から何かをするのはめんどくさいと感じてしまうのでしょう。

　自分から行動を起こすということは，確かに手間がかかることです。うまくできなかった時のリスクもあり，躊躇する気持ちもわかります。しかし，めんどくさいと言って授業中突っ伏して寝ていたり，掃除や係活動を何もしなかったり，行事には不参加……では困ります。また，とりあえずみんなに合わせて行動していても，ふてくされた表情で緩慢な態度で……であれば，周りへの悪影響も考えられます。

　こうした場合，自分の言動が周りにどう捉えられているかがわかっていない子がほとんどです。くじゃくに多く見られます。

2 「めんどくさいビーム」はいつのまにか蔓延する

　「めんどくさい」が多発すると，学級に緩慢な空気が出来上

がってしまいます。教師の指示にはもちろん，提案にも不満を示すようになります。教師がその子の機嫌をとれば，他の子は，「めんどくさい」を言えば教師は言うことを聞いてくれる，「めんどくさい」を言えば許されると学習します。ですから，必然的に毅然とした指導が必要となります。しかし強く指導すると，今度はその子がふてくされて全体の空気が悪くなる……ということも。なかなか指導の駆け引きが難しいところです。

3 思うことを何でも言っていいわけではない

　人は様々な感情や好みをもっています。ですから，「やりたくない」「嫌いだ」「面白くない」と思うのは自由です。でも，それをいつでもどこでも出してもよいかというとそうではありません。集団の場では，個人の感情よりもみんなの空気を優先しなくてはならない時があります。個人の感情で，楽しい気持ちや一生懸命な人の邪魔をする権利はないのですから。思うことは自由でも，外に出すことは決して自由とは限らないのです。

　まずは，そういうことをクラスのルールとして話しておきます。何でも感情を表に出すのは，子どもっぽいことでかっこ悪いことだと教えるのです。「周りを省みず，スーパーの床にひっくり返って泣く子」に例えて話すとわかりやすいでしょう。何でもめんどくさいと口に出して言ったり態度に表したりするのは，こうした子どもと同じであることを伝えます。

　また，めんどくさがり女子は不機嫌な表情でいることが多いので，「笑顔の方が100倍かわいい」と伝えることも有効です。「めんどくさいって口では言っているけど，本当は働き者だよね」と認めることも，その子にとって励みになります。

第4章 6

身だしなみに無頓着な子にベクトルを向ける

💭1 身だしなみに無頓着な子とは

高学年になるとおしゃれに目覚め,かわいい服や持ち物に関心がいくものです。しかし中には,身だしなみに全く興味がない,無頓着な子もいます。

早熟ではないため子どもっぽい服を着る,スポーツが好きなため毎日ジャージという場合はそう心配はいらないと思っています。そうではなく,あまり清潔ではない服装,体や成長段階に合っていない服装の場合は,色々なメッセージが含まれているものです。

不衛生な服や大きすぎる,小さすぎる服装の場合は,保護者の注意が子どもに向いていない可能性が考えられます。保護者はきれいに着飾っているのに子どもは……という場合は,保護者は自分のことにしか関心が向いていないのかもしれません。女の子なのにお兄ちゃんのお下がりばかり……という場合も注意が必要です。

また,高学年女子は成長による体の変化が著しい時期です。胸が出てきているのにブラジャーを着けていない,スカートが短すぎて下着が見えてしまいそうという無防備なケースも見られます。胸が見えるほどのキャミソールやウエストから下着が出る服の場合も同様。おおかみ,くじゃくに多いかもしれません。

2 いじめと非常識を生んでしまう

考えられる問題は2つあります。一つは、服装が起点となっていじめやからかいの標的になることです。特に、体の線や形がはっきり見えてしまう場合は、女子だけではなく男子の注目をも集めてしまうことになります。女子は「変だ」「ダサい」と馬鹿にするほか、服装で男子の気を引こうとするいやらしい子として噂することもあります。男子の場合はセクハラに発展する場合も考えられます。

もう一つは、セックスアピールが強い方がよいという世論が出来上がってしまうことです。基本的に小学校に校則はありませんから、服装は自由です。しかし、場に合った服や年齢に合った服を着るように指導することはTPOを教えることであり、社会生活において必要なことだと考えます。

3 まずは保護者に働きかける

胸が大きくなっているにもかかわらず、何も対策を講じていない場合があります。薄着になる夏場や運動場面ではより目立ってしまいます。本人に言うよりまずは保護者に話します。保護者も気づいていない場合がありますので、具体的場面を挙げてお伝えするとわかってもらえるでしょう。また、女子の中にはブラジャーを着けることが恥ずかしいと言って拒否する子もいます。保護者の説得を聞かない子もいますので、そういう時は教師が二人きりになった時にアドバイスします。

スカートやキャミソールの場合も同様の手順を踏みますが、男性教諭の場合は子どもに直接言うのは避け、同僚の女性か養護教諭に伝えてもらいましょう。

派手な持ち物が目立つ子にベクトルを向ける

1 派手な持ち物が目立つ子とは

ブランド物のバッグやキラキラした文房具，体育で短距離を走るというのにかかとの高いおしゃれなスニーカー……。こうした子の大半は髪形や服装も派手な場合が多いもの。「かわいい」「きれい」「かっこいい」がすべての評価基準であるかのように見えます。

常に新しいもの，流行っているものに敏感ですから持ち物の入れ替わりも早いのが特徴です。学習に適さない文具であっても，利便性よりも見た目が優先。かわいいものじゃなければ学習意欲が上がらない，という子もいます。

くじゃくに多いことは想像しやすいと思いますが，いるかの中にも派手な持ち物にこだわる子もいます。「派手な持ち物＝問題児ではない」という視点をもつことは大事です。

2 人間関係の問題にまで発展してしまう

持ち物が派手，というだけで問題行動が多くなるというわけではありません。しかし実際には，様々な問題に発展してしまいます。

一つは，物にまつわるトラブルが考えられるということです。低学年ほどではないにしろ，かわいらしくきらびやかな持ち物を羨ましがる子も出てくるでしょう。「取った，取られた」と

いうトラブルが起きることも想定されます。

　あるいは，故意ではなく，物を破損させてしまうことが考えられます。高級な物，レアな物であれば弁償するのも大変です。壊されてしまった方も，怒りや悲しみの感情に折り合いをつけるのが難しいかもしれません。保護者同士のトラブルに発展する可能性も大です。

　二つ目は，物を介することによって，人間関係がこじれることが考えられます。仲間意識が強い女子は，同様の物を持つことが一つのステイタス，友情の証とみなす部分があります。似た物を買える子はよいのですが，そうではない子ははじかれたり劣等感を感じたりします。負の感情をうまく処理できなければ攻撃的に出たり，あるいはそのこと自体が仲間外し的な問題となってしまったりすることもあります。

3 リスクは先に伝えておく

　可能なら，学校や学年で，質素で学習に適した物を使用するよう決めることが理想です。学校の教育方針として語れば，ほとんどの保護者は理解を示します。また，子どもたちにも説明がしやすいでしょう。それが叶わない場合は，派手な持ち物を持ってきた場合のリスクを先に伝えておきます。

　「友だちが間違えて壊した時には，お金の問題に発展するかもしれないよ。そうなると，お互いに嫌な思いをするよ」

　「物が原因で仲たがいした子を知ってるよ」

　個人に伝える場合には，「かわいいね」「素敵だね」と肯定してから話すとよいでしょう。

手紙，メモを回す子にベクトルを向ける

1 手紙，メモを回す子とは

SNSやラインがこれだけ発達した現代でも，手紙やメモを回す文化はなくなりません。いつの時代も，親密なやりとりが必要だったり内緒で伝えたいことがあったりするのだなぁと思います。

手紙やメモを回す子は，他者との密接なつながりを求めています。メモや手紙といった媒体を使って，その他大勢ではなく，個別に深くつながろうとする心理です。では，それらにはどんなことが書かれているのでしょうか。

一つは，悪口です。あるいは噂話や単なる愚痴もあるでしょう。いずれにしても心の中にある黒い感情を書き，共有しようとしているのです。

もう一つは，「恋バナ」です。好きな男の子の相談や，好きな子がこっちを向いたという喜びが書かれています。好きな子はどうやら私ではなくAさんが好きみたい，という情報も。

そして，意外にも「どうでもいいこと」が書かれているのをご存知でしょうか。昨日見たテレビのことや放課後の予定を尋ねること，「昨日はごめんね」なんていうのもあります。これらの多くは口で伝えれば済むことなのに，わざわざ文章にして表現していることが特徴です。

2 間違いなく人間関係は崩壊する

　メモ，手紙回しの最大の問題は，手紙やメモを落として誰かが拾った時に必ず問題が発生するということです。

　悪口や恋バナは，声に出して話すことが憚られる話題です。子どもたちは，だから手紙で伝えるんだと主張するでしょう。しかし手紙を落としてしまう可能性があることや，それを拾われた時に周知されてしまう危険性を考えません。「どうして落としたの？」「そんなこと言うなんてひどい！」「私，そんなこと言っていないけど！」とバトルが繰り広げられるのは明白。

　それからもう一つの問題は，手紙やメモ回しが横行すると教室に秩序がなくなるということです。野放しにすると，授業中も回されることが予想されます。回されない側の子が疑心暗鬼になり，人間関係が壊れることもあるでしょう。

3 直接伝えるべきことがある

　「手紙，メモ回しは禁止です。もし，手紙やメモが落ちていた場合には，先生はみんなの前で大きな声で読み上げます」と最初に宣言します。そして，前述した「予想されるリスク」を丁寧に話します。

　これだけで大部分の子は納得するでしょう。人に聞かれたくないものを文字にすると，落とした時のリスクが高いことに加えて，落とした側の信頼も減ってしまうことも理解できるはずです。また，他愛もないことは口で言えばいいし，大事なことこそ面と向かって話し合えるのが本当の友だちってものじゃないの？と加えます。「本当の友だち」って何？を考えさせるきっかけにもなります。

内緒話をする子にベクトルを向ける

💨1 内緒話をする子とは

　内緒話は，周りから隔絶された閉じられた世界で行われるものです。一般的には一人が相手の耳に手を当てて，小さな声で何かを伝える様を指します。幼い頃から内緒話をすることを咎められた経験をおもちの読者も多いのではないかと思いますが，なぜ人は内緒話をしたがるのでしょう。なぜ，内緒話はよくないと言われるのでしょう。

　内緒話は，秘密の話です。人に知られたくない話です。それを人前でしたがるということは，無神経・無知であるか，優越感を得たいかのどちらかであると私は考えます。

　通常，目の前で内緒話をされれば，何を話しているのだろうと気になります。こちらを見てうすら笑いなどを浮かべていれば，自分の悪口か噂話をされているに違いないと思い不安な気持ちになるものです。不愉快，怒りを覚えることだってあります。高学年にもなって，そういう周りの気持ちが推し量れないということは，鈍感で無神経か，他者が嫌な気持ちになることが認識できないかのどちらかです。

　知っていてなおかつするのであれば，自分には特別な関係を結んでいる友だちがいるのよというPR，私とこの人は仲良しよという見せつけの思いがひそんでいるのです。ひつじ，くじ

ゃくの中で横行しがちな問題です。

2 友情を監視に変えてしまう

　内緒話は、周りの人を不安な思いにさせます。自分が言われているのではないだろうかと嫌な気持ちにさせます。内緒話をしている方は、優越感を抱くほか、妙な連帯意識をもちます。秘密の共有で結託したような気持ちになるのです。

　こういう状況がクラスにあれば、当然ながら互いを疑い、探りを入れるようになります。グループ間での対立やグループ内での人間関係のこじれが後を絶ちません。内緒話のターゲットになるのが嫌だから、女子はますます目立たないように行動するようになります。進んで発言したり他と違う言動をしたりすることはなく、安心してチャレンジすることができなくなります。互いにいつも監視し合っているような関係が出来上がってしまうでしょう。

3 感じの悪さを共有する

　手紙やメモ回し同様、早い段階で内緒話をしてはいけないことを指導しておきます。ただ禁止するのではなく、その浅ましさを話すのです。

　無意識、無知であることは、人の機微に鈍感であることです。高学年になれば、人の痛みがわからない人や気にしない人が疎まれることがわかります。

　また、見せつけたり囲い込んだりする秘密の共有は、何とも浅ましく幼稚です。人に不信感を与えて満足する人は、性格が悪いと話します。ロールプレイで、内緒話されるのは嫌だという体験をさせるのも一手です。

第4章
10

告げ口をする子にベクトルを向ける

💠1 告げ口をする子とは

教師に告げ口するのが低学年。高学年になると、告げ口の相手は友だちに変わります。くじゃく、ひつじに多く見られます。

【事例1】悪意のない告げ口の場合

AさんとBさんの会話

🧒 Aさん：さっきCさんに無視された。すっごく腹立つ。おはようって言って目が合ったのに、ぷいってされたの。

BさんとCさんの会話

🧒 Bさん：Aさん、Cさんのこと怒ってたよ。
🧒 Cさん：え？　どうして？
🧒 Bさん：さっき無視したよね？　謝った方がいいんじゃない？
🧒 Cさん：えー！　私、無視なんかしていないのに……。

Bさんは、自分が見聞きしたことをただそれぞれに教えただけです。「悪いから謝った方がいい」「悪口を言われていることを知らないのはかわいそう」という正義感からの行動です。

【事例2】悪意のある告げ口の場合

AさんとBさんの会話

🧒 Aさん：Cさんにおはようって言ったのに気付かれなかった。
🧒 Bさん：無視されたの？
🧒 Aさん：いや、多分気が付かなかっただけだと思うけどね！

> BさんとCさんの会話

- Bさん：AさんがCさんに無視されてムカつくって言ってたよ。
- Cさん：え？ 無視なんかしてないけど。
- Bさん：気付かなかったんじゃない？って言ったんだけど, あれは絶対わざとだって言って怒ってた。

　Bさんには明らかに悪意があります。AさんとCさんの仲を離そうとする意図が見えます。どちらも告げ口をすることによって, 自分の立場をよくしようとしています。あるいは, 騒動が起きることを楽しんでいるとも言えるでしょう。

2 ひっかきまわされる

　こうした女子がいると, 人間関係はぐちゃぐちゃになります。言った, 言っていないの水かけ論となり, グループ間抗争や個人間での対立が絶えなくなります。

3 こういう女が一番嫌われることを教える

　この事例も事前指導が有効です。前述した2事例を話します。その上で, Bさんの行為に賛同できるかどうかを問います。事例2に賛同する子はいません。ひどい行為だと言います。事例1については意見が分かれます。Cさんに思いを投影した子は,「教えてあげるのは親切」「陰で言われるのは嫌」と思います。

　確かに悪口を言うAさんはよくないかもしれませんが, それはAさんとCさんの2人の問題です。Bさんが勝手に間に入って解決できることではないのです。何よりAさんは聞いてもらうだけで気が済んでいるかもしれません。それを勝手に言われたら……。Bさんの行為は親切ではなく面白がっているだけ。最終的に誰からも信頼されなくなることを教えます。

わがまま，自己チューに仕切る子にベクトルを向ける

1 わがまま，自己チューに仕切る子とは

「わがまま，自己チュー」だけならまだしも，「仕切る」というところに指導の難しさがあります。くじゃくに多く，最も指導が難しいと言えるでしょう。

このタイプは，物事の基準が常に「自分」です。興味があるかないか，したいかしたくないか，好きか嫌いかという感情が判断基準になります。学級会などでも，

「えー!?　面白くないからやりたくないんだけどー」

ということを平気で発言します。そして，

「それよりさ，こっちの方がいいと思わない？　反対の人いる？　いいよね，みんな。先生，みんなもいいって言っています！」的な発言で場を仕切っていきます。ちょっと賢い子になると，もっともらしい理由をつけて自分の思惑通りに事を運ぼうとします。

意に沿わないことに決まった場合は，あからさまにやる気のない態度をとったり，大声で不平不満を言ったりするのが特徴です。

2 教師さえも言いなりになってしまう

この女子はかなりの権力をもっています。逆らうと仲間外れにされたり，いじめの標的にされたりするので，誰も逆らうこ

とができません。多くの場合はこの子の言いなりです。いるかもリスクを考えると、そう簡単には逆らえません。

　逆らえないのは子どもだけではありません。教師にさえもひるむことなく要望をぶつけてきますので、下手をするとイニシアチブをとられ、いいように踊らされてしまう可能性もあります。抑え付けると反発し、野放しにするとわがまま放題になるという、何とも難しい子です。

3 周りの信頼を獲得する

　このタイプには、この章の冒頭で述べたように、決して譲らない覚悟が必要です。「イニシアチブをとっているのは教師」「あなたは子ども」という立ち位置をちゃんと示すことが肝要です。それが周りの子にとっても、「今度の先生は、ちゃんと悪に立ち向かってくれる」と安心を与え、「この先生なら助けてくれるかも」と信頼されることにつながります。

　また、弱い立場にいる子たちには、常に見ているよというメッセージを送っておきます。教育相談の折などに、困った時は必ず味方になるよと伝えておきましょう。

　こうした積み重ねで信頼のパイプは太くなり、問題が裏に隠れず教師の耳に入ってくるようになります。女子問題で難しいのは、「チクった」と思われることを恐れて教師に相談せず、知らぬ間に問題が深刻化することです。情報が入れば、こじれる前に何らかの手立てを講じることができるのに……。

　また、わがまま女子とのパイプを太くすることも大切です。よさを認め、積極的にシェアしていくことが大事です。但し、天狗になって権力を増長させないよう注意が必要です。

第4章
12

仲間外しをする子にベクトルを向ける

1 仲間外しをする子とは

　仲間外しをする子の多くは，前節で述べた「わがまま，自己チューに仕切る」タイプの子です。自分の意に沿わなかったり，自分が不本意であると思ったりした時に仲間外しを決行します。周りもつい同調してしまうような強い権力をもっている子です。

　例えば，学級会で自分に反対意見を言った子がいたとします。意見と人格を分けて考えられない自己チュー女子は，「あの子は私を否定した」「あの子は私に逆らった」となります。自分の顔に泥を塗った憎たらしい女子，生意気な女子，ということで仲間外し決行となります。

　また，嫉妬から仲間外れになることもあります。かわいい服を着ている，容姿や能力が優れている，お金持ちであるなどがその対象となります。何かもっともらしい理由をつけて仲間外しをしようとします。

　こうした子の背景には，存在を認められないことへの不満があります。ありのままの自分を受け入れられていないことや，家庭の事情でその子に手がかけられていなかったり目が向けられていなかったりすることがあります。あるいは，本当はたくさん愛をかけられているのに，その子の特性によってそう受け取られていない場合もあります。自己肯定感の低さが「仲間外

し」という攻撃に向かわせるのです。

2 機嫌とり，告げ口が横行する

　学級内に仲間外しがはびこると，安心して生活することができません。リーダー格以外の子は，次に自分がターゲットになるのではないかと怯えて暮らします。結果，そうならないようにリーダーの子の機嫌をとったり，告げ口で問題をこじらせたりすることが横行します。

　こうなると，学級は崩壊です。正論が通らなくなり，まじめに一生懸命頑張っている子の権利も脅かされます。

3 仲間外しはちゃんと言動に表れる

　教師は，仲間外しに敏感でなくてはなりません。「おや？おかしいな」という空気をちゃんと感じなくてはいけません。ところが男性教師のほとんどは，こうしたことに鈍感です。対して女性教師の多くは，経験則に基づいた勘が働き，即座に仲間外しを察知することができます。さりげない言動に，仲間外しをしている負の結束が表れることを経験しているからです。

　・休み時間，一人きりでいる子が一定期間で入れ替わる。
　・授業中，ある子を呼ぶと周りの子がさっと視線を合わせる。
　・間違いを嗤う。明るい笑いではなく，陰湿な感じ。
　・グループをつくった時に，我先にと特定の子から離れる。
　・一人でいる子に，頑なに近寄ろうとしない。
　・休み時間一人でいるのに，特定の場面では教師の前でやけにべたべたされている。

　仲間外しをしている時は，陰湿で意地悪な表情をするものです。観察から表情や言動の変化を見取る努力が必要です。

第4章
13

仲間外れにされる子にベクトルを向ける

1 仲間外れにされる子とは

「仲間外れにされる子にも原因はあるんだ」という考え方があります。確かに、それは間違ってはいないかもしれません。なんとなくうざい子、いけすかない子、そう思われている子たちが周りに不快感を与えている場合があることは理解できます。

私が小学生の頃、みんなをさんざん仲間外れにした子が、中学に行った途端に全員から総スカンを食らったことがありました。中学校進学とともに転校した私は、後からその話を聞き（はしたないのですが）胸がすっきりした覚えがあります。あまりにもひどい目にあわされましたから。だから、仲間外しにされる側にも理由があるという考えを全面的に否定する気はありません。しかし大人になった今、だからといって仲間外しをしてもよいとは思えなくなりました。なぜなら、大人になってさえ、その苦しさを忘れることができないからです。

仲間外しは、存在をないものとして扱われます。生きている価値、人間としての価値もないと言われているかのように見なされます。自分に非がなくても、すべて自分が悪い、自分が原因であるように錯覚し、生きるエネルギーがなくなっていくのです。

2 どのタイプも心のダメージを負う

仲間外しにあうのは、どのタイプにも偏りなくいるでしょう。

しかし，もともと群れずに生活できるおおかみはそのリスクは小さいかもしれません。それでも，誰からも声をかけられない寂しさを感じないわけではありません。相手にしないという強い心があれば，なんとか乗り切ることでしょう。

ひとりぼっちに耐えられないひつじは，ますます消極的になるでしょう。登校拒否になる可能性も高そうですが，保護者に助けを求めるのも上手かもしれません。

否定に弱いくじゃくは，あからさまに態度に表すでしょう。泣いて騒いでわめいて問題を表面化し，早くに対応してもらえるかもしれません。

まじめないるかは，きっと誰にも相談できずに一人で悩み続けることでしょう。表面上は笑顔で毅然としていますが，心の中は涙でいっぱい。大人に相談することもなかなかできないでいるかもしれません。学力ががたんと落ちる場合は，こうした人間関係が背景にある可能性もあります。

💬3 慎重に対応する

仲間外しを受けている子に気付いたら，慎重に対応します。無神経な対応は，かえって問題を裏に隠し悪質にするからです。

最初のステップとしては，本人と話すことです。二人きりで話す必要がありますから，その手段を確保しておくことが大事です。悩みがあったら「保護者から」と偽って教師に手紙を渡したり，放課後に電話をかけさせたりという方法をこっそり伝えておきます。先生が気付いてくれたことは，本人の大きな励みになります。どうやって問題解決していくか，立ち向かっていくかを共に考えるところがスタートになります。

人に合わせてばかりの子にベクトルを向ける

💭1 人に合わせてばかりの子とは

　自分の思いや考えよりも，場の空気を読んで行動する子がいます。わが道を行くおおかみ女子にはほとんど見られず，その他のタイプには多く存在します。性格の大人しさや自信のなさから合わせるだけではなく，「ひとりぼっちになりたくない」という思いが極度に強いために，人に追随する道を選びます。

　人に合わせてばかりいる子は，自分の考えや思いは二の次に考えます。それよりも，どう振る舞えば損をしないか，誰についていけば安全かということを第一に考えて行動します。

　例えばクラブや委員会などの所属を決める時。真っ先に考えるのは，周りはどうするかということ。なぜなら，自分だけがみんなと違う所属になることだけは避けたいから。そうなれば，クラブの共通話題についていけなくなります。そればかりか，クラブの時間に交わされる約束からあぶれてしまうかもしれませんし，そこで育まれるかもしれない「友情」からもはみ出してしまうかもしれません。そうすれば，グループの中での共通話題についていくことができず，結果，グループでの居場所がなくなってしまうと考えるのです。よって，自分は何が好きでどんなことに興味があるのかなどはどうでもよく，「みんなと一緒」であることが最優先事項となるのです。

2 正義が通用しなくなる

　周りの動向ばかりをうかがう子が増えれば，学級の中で正義が通用しなくなる可能性があります。同調圧力が高まって，善悪ではなく集団の空気で行動するようになるからです。

　例えば，マニキュアを付けてきた子を教師が注意します。通常ならば，「明日とってきなさい」「はい」というやりとりで終わります。しかし，担任とその子の関係がよくなければ，

　「大人はいいのに，どうして子どもはダメなんですか！」
と反発してくるかもしれません。同調圧力が高い状態だと，周りの子が教師ではなく反発する子の論を支持します。そうすると，教師は頭の固いわからずや，子どもの自由を阻害する独裁者として位置付けられます。怒りの矛先を教師に向けて一致団結するという構図が出来上がり，教師を攻撃対象にすることで集団の安定が図られるという不健康な状態になります。

3「いかに生きるか」を伝え続ける

　中学校で見られる人間関係の問題の多くは，他者との距離のとり方によって起こります。「自分が解決すべき問題か，他者が解決すべき問題か」という視点に欠けるため，他人の問題に首を突っ込んでトラブルが起きたり，仲間を売る行為がグループ間抗争を悪化させたりします。他者に迎合したり追随したりすることも，結果的に自分を傷つけることになるのです。

　だからこそ，自分の身の処し方は自分で考えて判断して行動するしかないのです。何をどう選び取るかは，「いかに生きるか」ということです。「自分の人生は自分で生きるしかない」ことを伝え続けることが大切ではないでしょうか。

グループが凝り固まる問題に向き合う

1 グループが凝り固まるとは

　高学年女子とグループ化は，切っても切れない問題です。「高学年女子はグループ化するのが当たり前」「グループ化を否定する必要はない」という考え方もありますが，私はそうは思いません。できればグループはない方がいいと思っています。

　そもそも，グループ化とはどういう現象でしょうか。気の合う者同士が集まるという現象は，女子に限らず男子にだって見られるものです。大人になればなるほど，だんだん気の合う人とばかり付き合うようになるのも，グループ化と言えるでしょう。人はそもそも気の合う者同士の集まりでいる方が居心地がよく幸せなのです。ですから，こうしたグループ化を否定するつもりは毛頭ありません。

　しかし，女子でいうところのグループ化はちょっと性格が異なります。単なる気の合う者同士という場合であればよいのですが，問題は「どこかに属さなくてはならない」という強迫的な想いでグループが形成されていることです。気が合うわけではなく，とにかく行動を共にする仲間，休み時間に話をしてくれる仲間，という視点でグループ化している点が女子独特の問題を生んでいると考えます。

　そうした下心があるから，グループから出ることに恐怖を感

じたり，他者を受け入れない排他性が生まれてきたりします。女子のグループ化，グループが凝り固まるとは，だから問題なのです。「あるのが当たり前」「あるのは仕方ない」のではなく，ない方がよいと考えるのはこうした理由です。

2 ひとりぼっち，学習不成立を生む

グループが凝り固まると，人間関係が膠着します。同じ構成メンバーで人間関係が濃くなります。関係がうまくいっている時はよいのですが，一時問題が発生するとその中でうまく回せなくなってきます。居場所がなくなり他のグループを探しますが，どこもグループが出来上がっているので入る余地はありません。仲間外しになっているわけではありませんが，結果的にひとりぼっちということになってしまいます。

あるいは，学習活動が円滑に行えないというリスクもあります。グループをうまくつくれない，違うグループ同士の女子が仲良くかかわれないという問題も発生します。

3 緩いつながりを目指す

理想は，緩やかなグループ化だと思っています。緩やかなグループ化とは気の合う者同士が緩くつながっていて，出入り自由なグループを指します。

そうした関係性をつくるためには，色々な人と触れ合わせることです。座席やグループのメンバーをコントロールしたり，自由対話的な活動を授業に仕組んだりするなど，他者を知る機会をたくさん設けることが第一だと考えます。また，教師が接着剤になって遊ぶことなどを通して，グループで凝り固まらず広くかかわれることが楽しいと実感させることも大切です。

グループで対立する問題に向き合う

💗1 グループで対立するとは

　学級にグループが出来上がると，自然とグループの格付けがされていきます。リーダー的なグループ，大人しめのグループ，かわいらしいグループ……などなど。グループが出来上がってしまっても，それだけなら問題はそう大きくは発展しません。問題なのは，似たようなグループが乱立した時に起きる，グループ間対立なのです。

　このグループのメンバーには，くじゃくとひつじが多いでしょう。しかも，仕切りたがる気の強いくじゃくがリーダー格で，ひつじが追随しているという構成。グループ間対立に見せかけて，実はリーダー格のくじゃく同士の対立であることが多いのです。

　では，なぜ対立するのでしょうか。それは，人より少しでも優位に立ちたいという思いがあるからです。自分だけは損をしたくない，特別扱いされたいという女子特有の思いもあるかもしれません。似た者同士は，自分と同じような言動をとる相手が嫌でたまらないのです。なんとか相手を出し抜きたい，なんとか相手にぎゃふんと言わせたい，そんなリーダーの想いがグループを，いえ，学級全体を巻き込んでいくのがグループ間対立なのです。

2 公平な活動が困難になる

　グループ同士がいがみ合うようになると，教室の中もぎくしゃくします。教師も周りも大変気を使います。そんなつもりはないのに「向こうのグループにばっかり」「依怙贔屓だ」と捉えられ，対立が激化することもあります。そればかりか，怒りの矛先が教師に向き，指導がより困難になることすらあります。

　また，学級会などで物事を決める時も大変です。あるグループに属する子の意見に対し，同グループの子は全力で支持。それに対立グループが反対。公平な目で判断されることなく，感情だけで話合いが行われることになります。どちらかの意見が採用されるようなことがあれば，さらに対立は深まります。

3 解体できなければ，仲良くさせる

　グループで対立させないためには，グループを解体することが一番です。前節で述べたように，たくさんの人が色々な場面でかかわれるように仕組んでいくことは有効です。多少時間はかかりますが，力ずくではなく自然とグループの枠が外れることでストレスなく新しい人間関係を構築することができます。

　しかし，そうもうまくいかない場合は，対立させない手立てをとります。一つは，リーダー格のくじゃく同士を仲良くさせることです。同じプロジェクトで活動させたり，二人を同時に呼んで教師の悩みにアドバイスしてもらうのもよいでしょう。「二人がそろうと，なんか心強いな」なんて言葉をかけます。

　もう一つは，ひつじを育てること。リーダーについていかない，時に反論する強さを身に付けさせます。一人では難しいので，数名が約束し合って行動するなどの手立てをとります。

部屋割り指導の前に伝えること

　高学年では，宿泊を伴う行事のため「部屋割り」をしなくてはなりません。この部屋割りこそが，高学年女子の人間関係を乱す元凶となるのです。

　部屋割りで確執を生まないためには，行事の目的や意味をきちんと理解させることが大切です。「親睦を深める」とは，「仲良し同士がさらに」ではなく「全員と，色々な人と」という意味であることもよくよく押さえておく必要があります。仲良しさんと親睦を深めたかったら，それは個人的にお泊まり会や個人旅行に行ってちょうだいと話します。そしてさらに，部屋割りで起きがちなトラブルを話します。

- 仲良しメンバーの中に，自分だけがぽつんと入る
- どこにも入れず，自分がぽつんと残る
- 約束していた友だちが，別の子のグループに行く

ルールなく自由に決めると，こうしたリスクがあることを教えます。「余った子は入れてあげればいい」と子どもは言いますが，一人残った瞬間に悲しくなるもの。そういう瞬間はない方がいいよね，と話します。また，自分がその当事者になるとは想像していませんから，自分がなる可能性があることを想定させておきます。

　リスクやトラブルを十分考えさせた上で，くじ引きや話合いなどの方法を決めることが円満解決の秘訣です。

第 5 章

高学年女子の悩みに向き合う

相手は子どもといっても悩みは深刻。友だち問題を恋愛問題に変換してみると、気軽にアドバイスなどできなくなります。

悩みの起きやすさバロメーター

←本章では、それぞれの悩みの起きやすさバロメーターを4タイプ別のサイズで表しています。

人間関係の問題を，恋愛問題に置き換える

💭1 高学年女子を悩ます最たるものは友だち問題

・Aさんは，以前よりBさんと一緒にいることが多い……。
・私との約束を断ったのに，AさんはBさんと遊んでいる……。
　私より，Bさんといた方が楽しいの？

　高学年女子を悩ます友だち問題，こうして並べてみると，恋愛の悩みに似ていると思いませんか。女子の人間関係の問題は「将来のための恋愛練習である」という説があります。出どころも信憑性も定かではありませんが，私はこの考え方が非常に理にかなっていると思っています。

　恋愛の悩みは，「不安」「嫉妬」「絶望」という感情に集約されます。どれも対人関係において芽生えるもので，自分ではどうにもできない，相手の気持ちと折り合いをつけなくてはならないものです。

　例えば，好きな人に振られた時に，「絶望」という感情を味わいます。相手が自分を好きになってくれさえしたら「絶望」を味わわずに済みます。しかし，相手の心をコントロールすることなどできません。好きになってもらう魔法も（今のところ）ありませんし，「好きになって」「はい，いいですよ」とはいかないのが人間の感情というものです。

　ですからどうしたって「絶望」を味わわなくてはなりません。

そうすると，必然的に「絶望」という感情と自分一人で向き合い，折り合いをつけなくてはならなくなります。自分の感情ですから誰かに代わりにやってもらうわけにもいきませんし，自分一人でどうにかしなくてはなりません。実に孤独な作業ですから，苦しいし悲しいし寂しいのです。

「女の子」は男の子に比べ大事に育てられる傾向があります。怪我をしないように，困らないように，寂しい思いをしないように，傷つかないように……と，転ぶ前に手を差し伸べられて育った子が多いようです。優しく繊細ですが，受け身で依存的な傾向が強いと感じます。守られて助けられてきた子が「絶望」と向き合うのは大変です。ですから，疑似恋愛のような形で女子の友だち問題を経験するかもしれません。

女子の人間関係について，大人は「そんなこと言わないでみんなと仲良くしなさい」「謝ったら許してくれるよ」と安易にアドバイスをします。でも乙女心はそんなに単純じゃありません。仲良くしたくてもできない，謝ったって元には戻らない複雑さを孕んでいるのです。

2 解決なんて目指さない

女子の友だち問題を恋愛問題に置き換えると，問題を解決することではなく，痛みを負った子の心に寄り添うことが大事であることが見えてきます。失恋して落ち込んでいる友だちに
「諦めて，次のを探せば？」
とは言えませんよね？　友だちがどうやったら元気になれるかを一生懸命考えるのではないですか。高学年女子問題は，解決ではなく「一緒に悩む」がキーワードなのです。

第5章 2

悩みの起きやすさバロメーター

いつも仲良しの子と一緒じゃなきゃイヤ

💡1 問題はいつでもどこでも一緒なこと

AさんとBさんは大の仲良し。何をするのにもどこに行くのにも，いつも二人一緒です。休み時間だって，いつも二人で行動します。ドッジボールをしようと誘われても，二人一緒じゃなきゃ参加しません。どちらかが「行かない」と言えば，片方だけ参加することはありません。先日の修学旅行のグループ決めでは，二人一緒がいいと言って譲りませんでした。

二人が仲良しなのはいいのですが，いつでもどこでも二人じゃなきゃ行動できないことが問題です。

恋愛関係に変換

彼と私は恋人同士。彼が大好きで，片時も離れたくないのです。彼も私が大好きで，いつも一緒にいようねって言ってくれます。二人で話していると楽しくて仕方ありません。

サークル仲間から旅行に誘われました。彼が行くなら行くけど，彼が行かないなら行かない。バスは彼と隣の座席ならいいけど，他の子と彼が隣同士に座るなんて絶対に許せない。

二人は恋に夢中。無理に引き離そうとすると，さらに燃え上がります。恋は感情なので，理性的に考えることが難しいのです。

【ステップ①】寄り添う

教 師：Aさんは，Bさんのことが大好きなんだね。Bさんのどんなところが好きなのかな？

Aさん：Bさんってね，すごく優しいんです。いつも一緒にいるから，私の気持ちをよくわかってくれるんです。

教 師：そうかぁ，Bさん，優しいんだね。いい人だよね。気持ちをわかってくれる友だちがいるって，幸せなことだよね。一緒にいたいって気持ち，わかるよ。

【ステップ②】想像させる

教 師：修学旅行のグループも二人一緒がいいかなぁ？

Aさん：はい。絶対一緒がいいです。

教 師：3人部屋でAさんとBさんと一緒になる人は，どう思うかなぁ。

Aさん：……。私たちだけで仲良くしていたら，仲間外れになったような気持ちになるかも……。

【ステップ③】決定させる

教 師：二人が仲良しなのは，いいことなんだよ。でも，その上で，何か気を付けられそうなことってあるかな？

Aさん：二人にしかわからない話をしないことや，たくさん話しかけることかな。中央の布団に寝てもらうとか！

2 見えていない周りを想像させる

仲のよさを否定せずに，共感的に聞きます。好きな子のことを認められるとほっとします。次に，見えていない周りのことを想像させます。その上で，どうすべきかは自分で決めさせます。この場合，同じステップでBさんとも話します。

第5章
3

悩みの起きやすさバロメーター

仲良しの子が別の子にとられちゃう

1 問題は一人でドつぼにはまること

AさんとBさんは仲良しでした。でも、Bさんは、転校してきたCさんと気が合うようで、いつも楽しそうに会話をしています。決して、Aさんとけんかをしたり仲が悪くなったりしたわけではありません。でも、いつも一緒だったBさんがそばにいなくなり、Aさんは「私と一緒にいてもどうせ楽しくないんでしょ……」と落ち込んでいます。

恋愛関係に変換

彼はこの頃、新入社員のCさんとよく話している。お昼休みは毎日二人でお弁当を食べるのが日課だったのに、昨日は
「いやぁ、ランチに誘われちゃって断りきれなくてさ……」
なんて言って、二人でランチに行っちゃった。帰ってきてからも二人で楽しそうに会話してる……。そう言えば、Cさんはイギリスの大学出身。外国好きの彼とは話が合うんだろうな。彼は頭のいい子が好きだし……。どうせ私は馬鹿だし、面白くない女だもん。きっと彼は私よりCさんのことが好きなんだ。

人の心を操ることはできません。心変わりは仕方のないこと。自分に価値がないと思ってしまうのも乙女心なのです。

【ステップ①】寄り添う

Aさん：Bさん，転校してきたCさんと仲良くなったみたいで，もう私のことそんなに好きじゃないみたい。

教師：それはとっても辛いね。一人で苦しかったでしょう。

【ステップ②】見つめさせる

教師：Bさんは，Aさんのこと嫌いになったのかな？

Aさん：それはわからない。でも，私よりCさんと一緒にいる方が楽しいんだと思う。

教師：じゃあ，Bさんとはもう友だちじゃないのかな？

Aさん：友だちだとは思うけど……。

【ステップ③】決定させる

教師：この先，どうしたいの？

Aさん：Bさんと，前みたいに仲良くなりたい。

教師：どうしたら，元に戻れるかなぁ？ Cさんと仲良くするのはやめてもらうとか，Cさんに「私のBさんだからとらないで！」と言うとか。

Aさん：そんなのできない。

教師：そうだよね。人の気持ちって，どうにもならないもんね。

Aさん：でも，私のことは友だちだって思っていてほしいな。

💎2 自分との対話を促す

人の心を操作することなどできません。ですから，この問題のゴールは「相手を変えること」ではなく，「自分の観方を変えること」「折り合いをつけること」です。答えの出ない問題ですが，こうした対話が自分なりの答えにつながっていきます。

第5章 4

悩みの起きやすさバロメーター

どうして私じゃダメなの？

1 問題は約束したわけではなかったこと

　Aさんは、Bさんと夏休みにお化け屋敷に行きたいと話していました。同じ頃、CさんもBさんに一緒にお化け屋敷に行こうと誘っていました。Bさんは、Aさんとは「行きたいね」と言っていただけで約束をしたわけではないから、Cさんと一緒に行くことにしました。そのことを後で聞かされたAさんは「一緒に行きたかったのに！」と言って怒り出してしまいました。

恋愛関係に変換

　この前、片思いの彼とお化け屋敷の話をしていた。すごく怖いお化け屋敷だっていうから「一度行きたいねー」なんて話していた。同じ頃、Cさんも彼をお化け屋敷に誘ったらしく二人で行くことにしたみたい。

　確かに約束をしていたわけじゃないけど、先に話題にしていたのは私。それなのに、一言の相談もなくCさんと行くことに決めるなんて、ひどい！

片想いとはいえ、大好きな彼とのお出かけを邪魔されることはとっても悲しいこと。腹が立つのも当然です。

【ステップ①】寄り添う

- **Aさん**：先に私と話していたのに、Cさんと行くなんてひどい！
- **教師**：Bさんと行くのを、楽しみにしていたんだね。
- **Aさん**：うん。二人ですごく話が盛り上がったから、Bさんはてっきり私と行くものだと思って……。

【ステップ②】「もしかしたら」を考えさせる

- **教師**：Bさんは、どうしてCさんと行くことにしたのかな？あの二人、すごく仲が良かったわけでもないでしょう？
- **Aさん**：うーん、その場で盛り上がってそのまま約束したのかな。
- **教師**：Cさんが強引に誘ったのかもしれないし、もしかしたら、Aさんと話すよりずっと前から話していたのかもしれないね。
- **Aさん**：ああ、もしかしたら、私とも行こうと思っていたかも。

【ステップ③】決定させる

- **教師**：なにか、Bさんに言いたいことはあるかな？
- **Aさん**：事情も聞かずに怒っちゃって、嫌な思いをさせちゃった。ごめんねって言いたいな。
- **教師**：伝えたい気持ちはある？
- **Aさん**：一緒に行ったら楽しいだろうと思っていたことかな。

2 最初に正論は言わない

客観的に見ると誰と行こうがBさんの勝手ですし、約束したわけじゃないのですから怒られる義理もないはずです。正論を先に言っても受け入れることはできません。感情を整え気持ちを整理させる中で気付かせていきます。

私のことは大事じゃないの？

1 問題は勝手に話されたこと

Aさんの親友は，Bさんです。Aさんは，友だちのことや勉強のことなどをBさんに相談しています。Bさんはいつも親身になって聞いてくれます。

この前，算数のテストが85点で落ち込んでいることをBさんに相談しました。すると，他の友だちから「算数が苦手で悩んでるんだって？」と言われました。私の秘密を勝手に人に話すなんてひどい！　親友だと思っていたのに。

恋愛関係に変換

私は，背が高いことが悩みです。小さい時からいつも一番後ろで，とにかく目立って嫌でした。彼に打ち明けると，
「背が高くて，モデルみたいで素敵だよ。もう悩むなよ」
って言ってくれました。とっても嬉しかった。でも昨日，友だちのCさんに
「背が高いこと悩んでいたなんて，知らなかった！」
と言われました。どうして私の悩みを話したの！　ひどい！

> 人から見たら小さな悩みかもしれないけど，乙女はコンプレックスのかたまりなんです。彼を信じて話したのに……。

【ステップ①】寄り添う

🧑‍🏫 教 師：Bさんは親友なの？

👧 Aさん：はい。そう思っていたから何でも話したんです。

🧑‍🏫 教 師：それなのに，算数のことを勝手に話しちゃったんだ。

👧 Aさん：はい。親友なのに，ひどい……。

🧑‍🏫 教 師：そうか……。嫌な気持ちになったんだね。

【ステップ②】想像させる

🧑‍🏫 教 師：Bさんは，いつも秘密をばらす人なの？

👧 Aさん：いえ……。今まではばらされたことはありません。

🧑‍🏫 教 師：どうして，算数のことは人に話しちゃったんだろ……。

👧 Aさん：うーん，85点で悩むなんて……と言われたから，ちょっと自慢っぽく思われたのかな。それとも，悩みだと思われなかったのかなぁ。

【ステップ③】決定させる

🧑‍🏫 教 師：今でも，Bさんとは親友なの？

👧 Aさん：うーん，一応……。でも許せない気持ちもある。

🧑‍🏫 教 師：親友でいたいけど，腹も立ってるという感じなんだ。

👧 Aさん：あー，どうして算数のことだけ話しちゃったんだろ。理由を聞いてみようかなぁ。

💠2 裏側を見つめさせる

　信頼を裏切られると，とてつもなく傷つきます。腹も立ちます。一方で，裏切られたと感じているだけで，実際には「裏切り」ではない場合もあります。感情が先行すると，なかなか冷静に物事が見られないもの。裏側を見つめられるような声かけが効果的です。

言いたいことが言えないの…

1 問題は我慢していたこと

Aさんは，Bさんに「日曜日に一緒に遊ぼう」と誘いました。Bさんは少し考えた後，

「まだわからない。予定がわかったら教えるね」

と言いました。でも，3日たっても，Bさんは何も言いません。4日目，思いきってBさんに聞くと，

「あ，忘れてた！」

と一言。Aさんは，すっかり腹を立ててしまいました。

|恋愛関係に変換|

休日に憧れの先輩を映画に誘った。彼はラインで「まだ予定がわからないから，後ほど」と返事を送ってきた。すぐに返事が来ると思っていたのに，なかなか返事が来ない。あ，きっと今確認中なんだ。イライラ。あれから1日たったわよ。もう予定ぐらい確認できてるんじゃない？　もしかして何かあった？　嫌われてる？　あれから3日……。どうしよう？　しつこいって思われるかな？　思いきって……。え？？？？忘れてた？　ひどい！！

> それぐらい聞けばいいじゃない，なんて思わないでください。
> 恋する乙女は臆病なんです。嫌われたくないのです。

【ステップ①】寄り添う

- 教師：Bさんと遊ぶのを、楽しみにしていたんだ。
- Aさん：はい。習い事でこの頃遊べなかったので。
- 教師：誘って返事がなかった時、どんな気持ちだった？
- Aさん：まだかなぁ、やっぱりダメかなぁと不安になった。
- 教師：不安な気持ちだったんだね。それなのに、忘れたって言われて寂しい気持ちになったね。

【ステップ②】想像させる

- 教師：Bさんて、いつもこんな感じなの？
- Aさん：結構忘れっぽいんです。前も、約束していた時間を忘れて遅れて来たんです。
- 教師：なるほど。でもどうして、返事を催促しなかったの？
- Aさん：だってしつこいと思われたら嫌だもん。
- 教師：なるほど。その気持ちはわかるなぁ。自分だけ張りきってるみたいでね。

【ステップ③】決定させる

- 教師：で、Bさんのことまだ怒ってるの？
- Aさん：怒ってはいないけど、今度は忘れないですぐに返事してほしい。
- 教師：そうだよね。忘れられたら哀しいものね。

2 言えない気持ちを理解する

　相手のことを考えすぎるあまりに、言うべきことが言えない子がいます。大人は「はっきり言いなさい」と簡単に言いますが、そうたやすいことではありません。言えない気持ちを認めつつ、自分の気持ちを明確にしていくサポートをします。

第5章 7

もう元には戻れないの？

💚1 問題はカーッとなったこと

　AさんとBさんは仲良し。しかし何かと意見がぶつかることが多く，昨日も教室で大げんかをしていました。

「あんたなんか，もう友だちじゃないから！　最低！　大っ嫌い！」

とAさんが言うと，Bさんも

「ふん。いいよ。もう，一緒に遊ばないから」

と一言。少し時間がたってAさんが言いすぎたことを謝りましたが，Bさんは無視。その後もBさんの無視は続いています。

🍴恋愛関係に変換

　彼とはよくけんかをする。この前も，約束の時間を1時間も過ぎてから待ち合わせ場所に来たことでけんか。あまりにも腹が立ったから，彼を罵倒し別れようと言った。彼もそれがいいと言って別れた。でも，よく考えるとそんなに責めることなかったと反省。彼に謝ったけれど返信はない。電話にも出てくれないし，家にもいない。どうしよう……。

> 公衆の面前で罵倒されては彼のプライドもズタズタ。彼が嫌になるのもわかります。でも，諦めきれないのが恋心なのです。

【ステップ①】寄り添う

🧑 教 師：今までBさんに腹を立てたことある？

👧 Aさん：時間を守らなかったり，約束をやぶったり，他の人に悪口言ったり。嫌なこともたくさんされた。

🧑 教 師：そうなんだ。嫌な思いをいっぱいしてきたんだ。

【ステップ②】想像させる

🧑 教 師：された時どうしたの？

👧 Aさん：やめてって言い返したり，他の友だちに言ったりした。結構何回も絶交してる。

🧑 教 師：そうなんだ。嫌な思いをしてるし，させてもいるんだ。

👧 Aさん：でも，されている方が，絶対に多い！

🧑 教 師：なるほど。でもどうして謝ったの？

👧 Aさん：ちょっと言いすぎたかなぁと思って……。

🧑 教 師：Bさんは，許してくれないんだね。

【ステップ③】決定させる

🧑 教 師：Aさんはこの先どうしたいの？　本当に仲直りしたいの？　これまでもたくさん絶交してきたんでしょ？今回だってAさんだけが悪いわけでもないし……。

👧 Aさん：よくわからなくなっちゃった。

🧑 教 師：ゆっくり考えたらいいよ。また話を聞くよ。

💬2 時には距離を置く

　二人の力関係が対等な場合，双方を個別に呼んで同じような対応をします。「仲直り」が指導のゴールのように思いがちですが，決してそうではありません。関係性を見直し，距離を置くというのも一つの解決策なのです。

恋愛に「嘘も方便」なんてない

1 問題は嘘をついたこと

　夏休みに，AさんはBさんと一緒に買い物に行く約束をしていました。でも直前になって，BさんにCさんがその日に遊ぼうと言ってきました。実は，Bさんは，AさんよりCさんの方が好き。でもそう言ったらAさん傷つくだろうし，我慢して遊ぶのは悪いと思って用事があることにしてCさんと遊びました。そのことがAさんにばれてかんかん。Aさんを傷つけないために気を遣って断ったのに。はっきり言ったらけんかになっていたと思うのですが……。

恋愛関係に変換

　週末は彼女とデート。3週間ぶりだからって彼女は楽しみにしてるけど，実はめんどくさいんだよな。だから直前に体調が悪いからと言って断った。だから，前から誘われていた子と食事に行った。それがばれて彼女はかんかん。彼女のこと傷つけたくなかったから嘘をついたのに。俺？悪い？　本当のこと言ったら，絶対面倒なことになるでしょ？

> もう気がないのならちゃんと言ってほしい。嘘をついてごまかされる方が悲しいし，よっぽど傷つく！

【ステップ①】寄り添う

Bさん：Cさんの方が好きだから断るって言えない。

教師：そうだね，はっきり言われたら傷つくかもね。

Bさん：だから傷つけないように，気を遣ったんです。

教師：傷つけたくなかったんだね。

Bさん：はい。けんかになるのもめんどくさいし。

【ステップ②】相手の立場に立たせる

教師：もし，あなたがAさんの立場だったら，どう？

Bさん：はっきり言われるのも嘘も嫌だなぁ……。別に仲のいい人じゃなかったらはっきり言われてもいいけど。

教師：そうだよね。仲がいいから，あなたも悩んだんだよね。

【ステップ③】決定させる

教師：Aさんとこの後どうするの？

Bさん：AさんよりCさんと遊ぶ方が楽しいんです。

教師：これからは，あまり遊ぶつもりはないのかな？

Bさん：今までみたいに，一緒にはいられないかな……。

教師：そうかぁ。それは仕方ないよね。人の心だもん。今度Aさんから誘われたらどうするの？

Bさん：今度は，ちゃんと断る。

2 はっきり言うのも友情と腹をくくる

　はっきり言うのはなかなか難しいことです。でも嘘をついて傷つけるくらいなら，けんか覚悟で気持ちを伝えることも必要です。ただ，男女のように「別れましょう！」とならないのが難しいところ。相手を傷つけずに距離を置く方法を一緒に探すことも大切です。

距離のとり方に悩む

　友だちとの仲がうまくいかなくなった女子たちに，若い頃の私は，「距離をとること」をアドバイスしてきました。近いから気になる，近いから嫌になる……近いから見て気になるけど離れると気にならなくなるよと。

　これは間違った指導だと今も思ってはいません。

　けれど，どんなに距離を置こうとしても，相手が自分の心地よいスペースに土足で上がりこんできたり，悪気はないのだろうけどペースを乱したりすることもあるのでしょう。だから子どもたちはなお悩むのだろうと思います。

　人と心地よく付き合っていくって，どうするのがいいのでしょうね。少なくとも今は，画一的に「距離をとるといいよ」とは指導しないでしょう，たぶん私は。そして，私自身がどうしたらいいのか答えが見つからないのだから，きっと子どもと一緒に途方に暮れるのだろうな……。

　「一緒に考える」ということがすごく大事だと思うのと同時に，私にはそれしかできないだろうと思っています。

第 6 章

高学年女子の保護者とつながる

保護者との連携なしに高学年女子問題は解決しません。
特に，母親とのつながりは重要です。

女子に対する母親と父親の違いを押さえる

1 父親と母親では立ち位置が違う

どちらも同じ親であるにもかかわらず，娘との距離は違います。娘と同化しがちなのが母親，娘を神格化しがちなのが父親と表現すれば伝わるでしょうか。娘にシビアなのが母親，盲目的になるのが父親，あるいは，手をつないで笑い合うのが母親，陰からそっと眺めて目を細めるのが父親ともイメージできます。

総じて娘のそばで感情を感じるのが母親，離れたところで感情を想像するのが父親と言えるのではないでしょうか。

2 母親は自分と同化させる

これはやはり，同性か異性かということに尽きるのではないかと思います。同性である母親は，自分と同じ生き物として娘を捉えます。ですから無意識のうちに，娘は自分と同じ＝娘のことはわかると考えます。自分もそうしてきた，そう考えた，だから娘もそうに違いない，そういうものだと決めつけてしまいがちです。内情がわかるだけに娘の感情と同化したり，「どうしてそんなことするの！」とイライラしたりするのです。

近年，「母の呪縛」「実母は毒母」などという言葉がメディア

でも注目されましたが,こうした問題には双方の距離の近さがその根底にあると考えます。親子の問題だけに外からはわかりづらいものですが,本当は嫌なのに母親の意向に沿ってしまう,母親の期待を裏切ることができない,そんな高学年女子もいると推察します。

多くの場合,母親はそのことに無自覚です。よって窮屈さの正体が何かわかっていない高学年女子も多いでしょう。なんとなく影がある,笑顔が少ない,表情の変化が乏しい……そんな子の中には,母子関係で悩んでいる女子もいるかもしれません。高学年女子を理解する時に「母子関係を観る」ということも有効な視点ではないかと考えます。

そのためには,だからこそ「あなたはどう思うの？」「あなたはどうしたいの？」というように,ベクトルを自分に向けられるような問いかけやかかわりが必要です。母親が投影した自分ではなく,素の自分を意識させることが大切です。

3 父親はお姫様扱いをする

父親にとって,娘はお姫様です。男の子と女の子では産声からして違い,遊び方も話し方も違います。父親にとっては「未知の存在」が娘。時に壊れ物を扱うように接してしまうのも,どう扱っていいかわからなくなるためです。

距離を置いてみればみるほど自分との違いが顕著になります。「娘は目の中に入れても痛くない」という人や,娘を溺愛してしまったりする父親が多いのもそのためではないかと分析しています。

兄弟構成によっても母親は違う

1 一人っ子の高学年女子の母親は「娘命」になりやすい

　両親の期待を一身に受けやすいのが一人っ子。母と娘の関係にのみ着目すれば，母は自分を娘に投影し支配しやすい環境にあります。

　一人っ子高学年女子の特徴は，愛されて育っている半面，過干渉で窮屈な思いをしている場合も少なくありません。自分の意志より母の意向，自分の興味関心より母の心配を優先して育ってきました。故に他者がどう感じるかに敏感で，失敗や間違いを怖がる傾向にあります。それでいて内面的にはシビアで，大人のエゴや本音と建前を見抜く鋭さももっています。これも，母との密着度の高さに一因があると考えます。

　一人っ子女子の母は，無自覚に子どもに期待をかけ過干渉になっている場合があります。それ故学校でのトラブルに対しても厳しい目をもっています。安心感をもって女子を見てもらうためにも，予測できそうなトラブルは，対応策とセットにして事前に話しておくとよいでしょう。

　また，高学年女子は母親から自立していく葛藤期を迎えることも話しておきます。反抗的態度をとるのは当たり前，一歩引くことも愛情ということも伝えます。母親が思っている以上に子どもはしっかり成長していることを伝えることも大事です。

💗2 男兄弟の中の高学年女子の母親は娘に厳しくなりやすい

　母親は異性である息子を溺愛しがちです。母親の立場からすれば，男女に関係なくかわいいわが子なのですが，どういうわけか，その「かわいさ」が違うのです。

　これは前述した同性親，異性親ということに起因していると思うのですが，母親にとって息子は一歩引いた存在です。それが娘から見ると，「お兄ちゃんは許されているのに」「弟ばかりかわいがっている」と映るのです。

　男兄弟の中にいる高学年女子は，ですからちょっぴりひねくれ者で承認欲求が強く，甘ん坊です。それを外から悟られないように，しっかり者のよい子を演じます。長子ほどその傾向が強く，甘え上手の末っ子はみんなからかわいがられます。

　そんな高学年女子に，母親は外の顔で評価しがちです。しっかり者で，みんなから好かれていて心配ないわ，と。女子にしてみれば，もう少し私の内側も見てよというところですが，母親の関心は息子に向きがちです。ですから，学校での姿や女子の内面をできるだけたくさん母親に伝えます。そして，頑張っていることやできたことを，言葉にしてフィードバックしてもらうようにお願いすることが必要です。

　教師は母親の代わりにはなれませんが，母と娘の橋渡しになることは可能です。

💗3 姉妹ばかりの高学年女子の母親は娘を過剰に保護しやすい

　姉妹ばかりの子をもつ母親は，「きちんと」「きれいに」を子

どもに求めがちです。とりわけ，男子が絡むトラブルには敏感になり，危ない，嫌な思いをすることから子どもを遠ざけがちなところがあります。母親自身に男兄弟がいる場合は，男の子の粗雑さや活動的な部分を理解することができるのですが，そうでない場合はなかなか理解を示すことができません。ですから，危険を承知で冒険させる，失敗してもいいからチャレンジさせるという意識をもちにくいのです。

　では，高学年女子はこうした母に窮屈さを感じているかといえば，多くの場合そうでもありません。特に違和感なく，危険回避の道を選んで歩んでいる子が多いように見えます。母親に対するストレスも少ないのではないでしょうか。

　しかし，いつまでも守られた中で生きていくことはできません。傷つき，心がボロボロになっても一人で生きていかなくてはならないのが人生です。高学年とは，そうした人生の入り口の年齢であり，親離れをしながら自分で力を獲得していく時期です。少しずつチャレンジし，傷つく経験も成長過程においては必要です。

　姉妹ばかりの高学年女子の母親には，どうしてチャレンジが必要なのか，教師はどうかかわっていくのかということを明確にし，理解してもらうことが肝要です。安全第一ということを柱にしながら，逞しく育つことも大事であることを伝えていきます。そして，チャレンジしたこと，変容が見えたことをこまめにフィードバックしましょう。娘の頑張りが，母親の価値観の変容にもつながっていきます。

4 多兄弟の中の高学年女子の母親は「娘依存」になりやすい

　兄弟が多いと，母親は全員に目を配ることは難しくなります。これは，愛情が薄いということとは全く別問題で，物理的に難しくなるということです。そういう事情を，高学年女子はちゃんと理解しているものです。ですから，言われなくとも率先して母を手伝い，家事をしたり兄弟の面倒を見たりします。

　これに対して，母親は娘に絶大なる信頼を寄せます。うちの娘はしっかりしている，頼りになると思うと同時に，十分に手をかけられないことに引け目を感じることもあります。

　いくらしっかりしているといっても，高学年女子はまだ10歳そこそこ。本当は自分だって甘えたいし甘えてもらう側にいたい時だってたくさんあります。必然的に大人として振る舞っていますが，寂しくないかといえばそうではありません。言えば母を苦しめるから，ぐっと我慢しているだけなのです。

　こうしたしっかり者の子には，意図的に甘えさせることも必要です。甘えベタの女子ですから，照れたり逃げたりしそうですが，「甘えていいんだよ」というメッセージは送り続けましょう。他愛ない世間話をしたり，できることでも手伝ってあげたりするだけでいいのです。そして，その様子を時々母親に伝えます。しっかりしていますが，やっぱりまだ小学生ですね，と。

　しかし，決して母親を責める口調になってはいけません。「お母さんが一生懸命育てていらっしゃるから，こんなにも優しく気がきくお子さんになる」ということを伝えつつ，時には目を向けてくださいねと示唆することがポイントです。

第6章　高学年女子の保護者とつながる

性別,年齢によっても母親は変わる

💡1 教師の性別に応じて関係をつくる

一般的に,人は同性には厳しく,異性には寛容です。前節で述べたように,同性は「自分と同じ女性」という理由で,自分基準で判断しがちです。自分だったらこうするのに,普通はもっとこうでしょう?と批判的になりがちなものです。

また,女性というだけで女性教師がライバル視されることもあります。「自分より優れた人」「自分より仕事をしている人」というくくりでの嫉妬,あるいは,教師よりも高いキャリアをもっていながらも専業主婦をしている場合などは「こんな低学歴の女に!」という嫉妬が生まれる場合があります。さらには,自分より娘とうまくかかわれていることに対する嫉妬が生まれることもあります。

同性であれば,母親に対する尊敬の気持ちを前面に出しましょう。言葉づかいは丁寧に,かといって丁寧すぎて鼻につく感じではなく柔らかく,「敵ではないですよ」というアピールをすることが大事です。

こうした嫉妬心以上に気を付けなくてはならないのが,同性故の親近感です。女性同士ということで敷居が低く,話しやすい関係ができます。気軽に悩みを相談したり情報を交流したりできることは利点ですが,必要以上に踏み込んでくることもあ

ります。「この先生は何でも聞いてくれる」と思われ，本来家庭で判断すべきことまで尋ねてきたり，学級経営について無理な要望を突きつけてきたりする場合も。親和的な空気をつくりつつ，これ以上は立ち入らないでくださいという線引きをすることも大事です。

　一方，男性教師に対して，母親は一歩引きます。男性教師の雰囲気（この中には容姿や年齢，ノリなども含まれる）が好みであれば，そう厳しくは見られません。女性だと「ふざけている」「やる気があるの？」ということについても，「面白い」「渋い」と評され，好意的に評価されることが多いもの。多少女子指導でうまくいかなくても「男の先生だから，わからないわよねぇ」と許してくれる場合もあります。

　しかし，ひとたび問題がこじれると，掌を返したように厳しくなります。面と向かって苦情を申し立てることよりも，陰でやり玉に上がることが予想されます。母親同士の集まりでは格好の話題の的となり，LINEグループでは「今日の先生のダメ発言」的な話題が毎日廻ります。こうした様子は，私には「女子高生が男性教師を嫌う図」に見えて仕方ありません。一度嫌われると修復するのは難しいでしょう。女性教師であれば，対話を重ねてわかり合えるということは不可能ではありませんが，一度築かれた壁を越えるということは異性には難しいことだと思います。

　ですから，男性教師は「嫌われない」ということが何よりも大事です。熱心に授業をする，子どもに対して一生懸命という姿は素直に評価してもらえますし，「頼もしい先生」と言って

もらえます。「頼りない」「やる気がない」「威圧的」にならないように心がければ，大抵の母親とはうまく関係性を築いていけるのではないでしょうか。

　最後にダメ押しですが……。男性教師に対する不満は表面化しづらいと心得てください。何も言われない＝不満はない，のではありません。男性教師には言ってこないだけで，もしかしたらたくさんの不満を抱えているかもしれないと疑ってください。こうした心づもりでいることが，問題を見逃さないことにつながります。

2 教師の年齢に応じて関係をつくる

　母親は「頼もしさ」に安心感を得ます。ですから，経験の浅い教師には，必然的に不安を抱きます。ちゃんと授業できるのかしら，子どものことを観てくれるのかしら，問題が起きたらきちんと対応してくれるのかしら……，と思うものです。こうした不安を安心に変えるのはどんな姿勢だと思いますか？

A：大丈夫です。私は大学で○○を勉強してきました。安心してください。○○が得意なので，自信があります！

B：一生懸命頑張りますが，未熟な面もあります。が，学年の先生方が○○でフォローしてくれますし，管理職は○○な形でフォロー体制を敷いてくれています。何かあった時には，隠さず保護者のみなさんにもご相談申し上げます。

　男女やキャラにもよりますので一概には言えませんが，女性の立場からすると断然Ｂに安心感を抱きます。Ａは一見頼もしそうに見えますが，「若い＝未熟」が前提ですから，教育を

なめている，仕事を軽く見ている自信過剰の若者と評価されます。プライドが高そうでめんどくさい教師と感じる母親もいるかもしれません。一方，Bは自信がなさそうですが，誠実さを感じさせます。未熟なことを認めた上で，だからこそ万全のフォロー体制を敷いていますというアピールをしています。これは，「未熟な私の判断ではなく，学校の判断のもとに行います」というアピールにもなります。情報を共有して頑張りますのでよろしく，というメッセージを発しています。

　若いということは，未熟なのです。そのことを自覚し，「足りなさはいろんな人に助けてもらう」という腹のくくり方ができれば，それはある種の「頼もしさ」として映ります。

　一方，ベテランというだけで保護者は安心します。特に，5年生は7回目みたいな場合は，それだけで「お任せ」となります。保護者の安心感を受けて，教師もゆったりと穏やかに学級経営ができるでしょう。

　しかし，ベテランになると，馴れ合いから手抜きをしてしまうものです。長い経験の中で得てきたものを大事にしつつ，少しだけ新しいものにチャレンジしていく姿勢でいたいものです。そうした姿にこそ，保護者はベテランの安心感と意気込みを感じるのだと思います。

　ベテランになればなるほど，保護者の生の声が入ってきづらくなります。高飛車にならず，威圧的にならず，いつでもご相談くださいという姿勢が良好な関係を生みます。母親にとっての人生の先輩，少し先行く経験者と感じてもらえれば，同じ歩調で子どもを見つめることができるでしょう。

トラブル発生で母親は変わる

1 とにかく迅速に

母親は,見えないことに不安になります。ですから,起きたことはできるだけ早く連絡します。しかし,早ければそれだけでいいわけではありません。要所を押さえ,誤解のないように伝えることが肝要です。

【連絡のポイント】
・事実だけを端的に　　・子どもの想い　　・指導の過程
・わかっていること,解決していることと,そうでないことを分けて　・今後の方針について

※教師の感想や思いは一切いらない。これが要らぬ誤解を生む原因になる。やむを得ず指導が数日にわたる場合は,現時点でわかることを伝える。まとめて連絡するのではなく,こまめに伝えることが母親の安心感を生む。

2 徹底的に傾聴する

トラブルや相談で,母親から連絡をもらうことがあります。そうした時には,傾聴の姿勢を貫きます。

女性は,高学年女子と同様に,話すことで感情を発散する傾向にあります。心の中のもやもやを,とにかく全部吐き出して

もらうのです。

　これにはとても時間がかかります。仕事も溜まっているし明日の授業の準備もしたい，早く帰りたいし，何より疲れてる……と思うと，なんとか早くに話を切り上げてほしいと思うかもしれません。同じことを何度も話されたり，過去の人間関係のことをほじくり返されたり……となるとなおさらです。

　しかし，ここで話を強引に切ると，母親は不完全燃焼のままになってしまいます。「話を聞いてくれなかった＝否定された，拒絶された」となり，教師への不満と不信感が募ります。

　逆に，話すばかりで結局何も解決していなかったとしても，「全部話した＝聞いてくれた＝受け止めてくれた」となり，母親は満足します。あたたかな関係性が出来上がり，後に問題が起きた時にも親和的にかかわることができます。

3　1000分の1でも非があれば心から謝る

　感情的に話してきたり，自分のことを棚に上げて責められたり，あるいはこちらの意図を汲まず咎められたりすると誰だってかっとなるものです。

　「そうはおっしゃいますけど，お宅のお子さんは……」
　「私はこういうつもりで指導したんですけどねぇ」
と一言言いたくなります。しかしこれを言っては火に油を注いでしまいます。互いに感情的になり，どちらが正しいかという論でしか語り合えなくなってしまいます。

　こうした場面では，冷静になることが大事です。冷静になるためには，なぜこの人はこんなに怒っているのだろうかと分析することです。

例えば，教師が発した「忘れ物ばかりするなぁ」という一言が娘を傷つけたと母親が怒っていると仮定しましょう。教師としては，いつも忘れ物ばかりするのは事実だし，忘れ物をする方が悪いし，しかも，冗談めかして言っていたし，その時女子も笑っていたし，傷ついたなんていうのは嘘で，ただ母親の注目を集めたいだけだろうと考えたとします。
　これをそのまま伝えれば，母親は教師をどう思うでしょうか。
　・事実や自分の非を認めない傲慢な教師
　・表面的なことだけでしか判断できない教師
　・子どもを責めただけで手立てを伝えない指導力のない教師
　・子どもの気持ちを無視する教師
と判断し，信頼しなくなるでしょう。
　親の誤解や甘え，過保護な訴えに教師は毅然とした態度で接することが大切だ，親も教育してやらねばならないという考えもあります。しかし，本当に親を教育することなどできるのでしょうか。そして何より，教師はそんなに偉くて間違いがないのでしょうか。教師が上で親が下と見ればこうした発想も可能かもしれませんが，相互に信頼し合い力を合わせて子どもを育てていこうとするスタンスにはなりません。何より，教師を信じてお子さんを預けてもらえなくなります。
　ですから，こちらの思いや主張は横に置き，自分の不備・不足を振り返るのです。
　・一緒に解決方法を見出そうとする歩み寄りが足りなかった
　・笑顔の裏の気持ちを配慮しなかった
　・他の子に聞こえるように言ったこともよくなかった

など，見えてくるものはあるはずです。こうした不備が見つからなかった場合でも，子どもが自分の意に反した受け取りをしたとすれば，それはそういう伝え方しかできない教師が未熟なのです。

　これは，何でもかんでも母親の言いなりになるということではありません。譲れない部分を敢えて主張せず，自分の不備・不足がわずかでもあればそれについて謝罪することが大事なのです。そうした謙虚な姿勢が信頼につながります。

4 母の目，子どもの目，教師の目で語る

　私たちは，教育のプロです。教育の専門家です（と胸を張って言いたい）。ですから，子ども理解や問題解決などに当たっては，教師の目で見たこと，教師の目で判断したことをもとに母親に伝えます。これは，とても大事なことであると思います。

　しかし，これだけではどうにも固く，偏った見方になってしまうことがあります。それは，教師としての目が正論しか言わない，実体を伴わない表面的なものになる場合があるからです。

　プロの教師の目で見ると同時に，色々な立場からものを見てみましょう。母親の目で見れば，母親の気持ちが理解できるかもしれません。母親がなぜそんなことを言うのかがわかるかもしれません。それが教育的にアウトということでも，母親だったらそう思うのは当然だよなぁ，となりませんか？　それが母親に寄り添うということではないでしょうか。

　自分が子どもだった頃を思い出せば，母親をどう見ていたかが蘇ります。母親と子どもの気持ちに乖離があることを，実感をもって伝えられるかもしれません。こういう視点で考えるこ

とが，子どもに寄り添うことだと伝えることができるのです。

5 母の頑張りに目を向ける

　子どもが問題を起こした場合，どうしても上から下へ言い渡すような形になってしまいます。「おうちでも指導してください」というように。

　確かに，子どもの責任は保護者にあります。でも，母親だって一生懸命生きているんです。自分の仕事もあるだろうし，外からは見えない生活の悩みだってあります。そして何より，母親だって親として成長している最中なんです。完璧に出来上がった母親なんていないのです。

　私たちは，時折そのことを忘れてしまい，お宅の子どもが悪い，ちゃんと教育してくれと言いたくなります。そうなると母親は自信をなくし，自分のふがいなさを責めます。そうすると，子どもを否定的に見て「どうしてうちの子は」となってしまいます。高学年女子は，それでますます自尊心を低めてしまうでしょう。

　「お母さんがこうしてお子さんをかわいがっているから，ちゃんと素直に話してくれましたよ」

　「子どもだから，間違えるのは当たり前じゃないですか。間違えた時にごめんなさいが言えるのは，間違いなくお母さんが素直に育てている証拠ですよ」

　そんなふうに母親に寄り添える心と言葉をもっていたいと考えます。

参考文献・資料

- 清水将之『思春期のこころ』ＮＨＫブックス，1996年
- E. H. エリクソン著，仁科弥生訳『幼児期と社会(1)』みすず書房，1977年
- E. H. エリクソン著，仁科弥生訳『幼児期と社会(2)』みすず書房，1980年
- 厚生労働省「思春期のこころの発達と問題行動の理解」生活習慣病予防のための健康情報サイト　https://www.e-healthnet.mhlw.go.jp/information/heart/k-03-002.html
- 文部科学省『教職員のための子どもの健康相談及び保健指導の手引』，平成23年８月　http://www.mext.go.jp/a_menu/kenko/hoken/__icsFiles/afieldfile/2013/10/02/1309933_01_1.pdf
- 学研教育総合研究所「小学生白書 Web 版　小学生の日常生活に関する調査」，2013年３月　http://www.gakken.co.jp/kyouikusouken/whitepaper/201303/chapter20/index.html
- 社団法人ガールスカウト日本連盟『平成20年度 文部科学省委託事業 青少年元気サポート事業　少女のための元気サポートプロジェクト報告書「少女の自己肯定感を高めるキャンプ」』，2009年３月　http://www.girlscout.or.jp/members/downloadcenter/docs/H20genkisupport_houkoku.pdf
- 文部科学省，国立教育政策研究所『平成26年度全国学力・学習状況調査報告書』，平成26年６月
- 岡田尊司『愛着障害　子ども時代を引きずる人々』光文社，2011年
- 東京都教育庁「自尊感情や自己肯定感に関する研究について」，平成25年２月　http://www.metro.tokyo.jp/INET/OSHIRASE/2013/02/20n2l800.htm
- NHKスペシャル取材班『女と男　最新科学が解き明かす「性」の謎』角川文庫，2011年
- ヘレン・フィッシャー著，大野晶子訳『人はなぜ恋に落ちるのか？　恋と愛情と性欲の脳科学』ヴィレッジブックス，2007年

- レナード・サックス著，谷川漣訳『男の子の脳，女の子の脳』草思社，2006年
- 麻生一枝『科学でわかる男と女になるしくみ』サイエンス・アイ新書，2011年
- 米山公啓『脳の不思議がわかれば女性関係は99％うまくいく』六耀社，2010年
- ポーラ・J. カプラン，ジェレミー・B. カプラン著，森永康子訳『認知や行動に性差はあるのか　科学的研究を批判的に読み解く』北大路書房，2010年
- 大野久編著『エピソードでつかむ青年心理学』ミネルヴァ書房，2010年
- 齊藤勇監修『面白いほどよくわかる！「女」がわかる心理学』西東社，2014年
- 渋谷昌三『面白いほどよくわかる！恋愛の心理学』西東社，2013年
- 竹之内幸子『なぜ女性部下から突然辞表を出されるのか』幻冬舎メディアコンサルティング，2014年
- おかざきなな『愛され女子研究』講談社新書，2016年
- 犬山紙子『嫌われ女子50』ベストセラーズ，2013年
- 深澤真紀『女オンチ。　女なのに女の掟がわからない』祥伝社，2016年
- 林真理子・小島慶子『女の七つの大罪』KADOKAWA，2016年
- 濱口桂一郎『働く女子の運命』文春新書，2015年
- 仁藤夢乃『女子高生の裏社会　「関係性の貧困」に生きる少女たち』光文社新書，2014年
- 伊藤比呂美『女の一生』岩波新書，2014年
- レイチェル・シモンズ著，鈴木淑美訳『女の子どうしって，ややこしい！』草思社，2003年
- 白河桃子『格付けしあう女たち』ポプラ社，2013年
- 辛酸なめ子『女子の国はいつも内戦』河出書房新社，2008年
- 瀧波ユカリ・犬山紙子『女は笑顔で殴りあう　マウンティング女子の実態』筑摩書房，2014年

- 水島広子『整理整頓 女子の人間関係』サンクチュアリ出版，2014年
- 佐々木則夫『なでしこ力』講談社文庫，2012年
- ドナ・カーネギー著，山岡朋子訳『13歳からの「人を動かす」 人に好かれる女の子になる8つのルール』創元社，2007年
- 赤坂真二『小学校高学年女子の指導 困ったときの処方箋』学陽書房，2005年
- 神谷祐子編著『「高学年の女子の心」と付き合う技術―いくつ持っていますか 女性教師のテクニックVS男性教師のテクニック』明治図書，2005年
- 宇野弘恵「「恋愛練習期」の女子が心を開く言葉がけのケーススタディ」『小六教育技術』小学館，2016年5月
- 堀裕嗣『スクールカーストの正体』小学館，2015年
- 森田洋司他編著『日本のいじめ』金子書房，1999年
- 山脇由貴子『教室の悪魔』ポプラ社，2006年
- 岩瀬直樹・ちょんせいこ『よくわかる学級ファシリテーション・テキスト ホワイトボードケース会議編』解放出版社，2012年
- ちょんせいこ『元気になる会議 ホワイトボードミーティングのすすめ方』解放出版社，2010年
- 公立学校共済組合『共済フォーラム』平成28年9月10日，p.2，3
- マイラ・サドカー，デイヴィッド・サドカー著，川合あさ子訳『「女の子」は学校でつくられる』時事通信社，1996年
- 有田秀穂『思春期の女の子の気持ちがわかる本』かんき出版，2011年
- 江藤真規・長野雅弘『思春期の女の子の育て方』ディスカヴァー・トゥエンティワン，2012年
- ロザリンド・ワイズマン著，小林紀子・難波美帆訳『女の子って，どうして傷つけあうの?』日本評論社，2005年
- 菅原裕子『思春期の子どもの心のコーチング』二見書房，2007年
- 明橋大二『思春期にがんばってる子』一万年堂出版，2002年

あとがき

　本書のゴールは「上手に高学年女子を指導すること」ではありません。うまく指導して教師が楽をしたり，満足感を得たりすることでもありません。高学年女子が「私は私」として生きていくことがゴール。そう，高学年女子が自分らしく生きていくための教師のかかわり方が，本書のコンセプトです。

　私自身，長年「女子」として生きてきました。サバサバとして活発な私は，低学年の頃は男子と一緒にドッジボールや探検ごっこなどをするのが大好きでした。しかし，高学年になると「男子みたいな女子」と揶揄され，大人しくてか弱いのが女子らしいとされるようになりました。それに伴って女子は身体的暴力ではなく，陰湿な心的暴力へと攻撃の方法を変えていきました。笑顔の陰で悪口を言う子，昨日までの親友を仲間外れにする子，そんな女子を私はたくさん見てきました（もちろん，私にだってそういう部分がありました）。私は仲間外れにされたくなくて，陰で悪口を言われたくなくて，どうやってこの「女子地獄」を生き抜けばいいのだろうと悩み耐えました。思春期の頃は，学校に行くのが辛い，苦しいと思ったこともありました。

　今，私は大人になり，あの頃を哀しく思い出すと同時に，「女子地獄」に抗えなかった自分を無力だったと感じます。「自分は自分」として生きられる強さがあれば，もっと違った私が形成されていたのかもしれません。

　あれから何十年もたちますが，女子をめぐる問題は依然として在り続けます。娘を育てた経験や高学年担任として何百人も

の女子とかかわってきた経験に鑑みると，女子の内なる攻撃性は「在る」のに「ない」ものとして処理され，現象面だけがなくなるよう指導されているように見えます。仲間外しにする子にも，仲間に迎合する子にも背景があるはずです。行為の奥にあるものを見ずに現象だけを否定することは，その子の内面を否定することと同じです。怒りや妬みといった負の感情は「醜いもの」とされているため，なかったことにしようとします。でも，怒りを感じる自分も妬みを覚える自分も，「自分」なのです。醜い感情をもつ自分もひっくるめて，「自分」という人間なのです。そんな自分を認め抱きしめられるようになることが，自分が自分として生きていく第一歩だと思います。

　本書を執筆するにあたって，編集の及川誠さん，西浦実夏さんには大変お世話になりました。高学年女子についてまとめることが，私の長年の目標でした。執筆の機会をいただいたこと，遅筆でミスの多い私を根気よく励ましてくださったことに，心からお礼を申し上げます。また，私にかかわってくれたすべての女の子たちにも「ありがとう」を伝えたいと思います。あなたたちがいなければこの本は誕生しませんでしたし，何より，人としてあなたたちからたくさんのことを学びました。あなたたちが自分らしく，幸せに生きていくことを願って止みません。

　この本を手に取るすべての先生が笑顔で高学年女子に向かえますように。そして，高学年の女の子たちが「私は私」として自分らしく生きていけますように。最後までお読みくださり，ありがとうございました。

水縹色の春空を眺めながら　　　平成30年3月21日　　　宇野　弘恵

【著者紹介】

宇野　弘恵（うの　ひろえ）

1969年，北海道生まれ。旭川市内小学校教諭。2002年より教育研修サークル・北の教育文化フェスティバル会員となり，思想信条にとらわれず，今日的課題や現場に必要なこと，教師人生を豊かにすることを学んできた。現在，理事を務める。

【著書】

『スペシャリスト直伝！　小1担任の指導の極意』（明治図書，2016年），『学級を最高のチームにする！365日の集団づくり2年』（明治図書，2016年），『女性教師だからこその教育がある！』（共著，学事出版，2010年），『小学校低学年　学級経営すきまスキル70』（編著，明治図書，2017年），『小学校低学年　生活指導すきまスキル72』（編著，明治図書，2017年）他多数

〔本文イラスト〕木村美穂

タイプ別でよくわかる！
高学年女子　困った時の指導法60

2018年6月初版第1刷刊	©著者	宇　野　弘　恵
2018年9月初版第2刷刊	発行者	藤　原　光　政
	発行所	明治図書出版株式会社

http://www.meijitosho.co.jp
（企画）及川　誠（校正）西浦実夏
〒114-0023　東京都北区滝野川7-46-1
振替00160-5-151318　電話03(5907)6704
ご注文窓口　電話03(5907)6668

＊検印省略　　　　　　　組版所　藤原印刷株式会社

本書の無断コピーは，著作権・出版権にふれます。ご注意ください。

Printed in Japan　　　　　ISBN978-4-18-212213-2
もれなくクーポンがもらえる！読者アンケートはこちらから →

いつでも・だれでも・どこでも 楽しく気軽に出来る 授業づくりのヒント NIE

土屋武志 監修　碧南市立西端小学校 著

「社会を見る目」や情報リテラシーを鍛える! NIE授業

「教育に新聞を!」これからの子ども主体の学びを支えるものとして，新聞は格好の教材です。新聞比較によるリテラシー向上や，社会を見る目，「見方・考え方」を育てる取り組みなど，NIE授業づくりの基礎基本と情報活用能力を高める授業モデルを豊富に紹介しました。

B5判 96頁
本体 1,460円+税
図書番号 0957

よくわかる学校現場の教育心理学
AL時代を切り拓く10講

堀　裕嗣 著

AL時代を切り拓く教師の生き方とは? 世界を広げる10講

主体的・対話的で深い学び，いわゆるアクティブ・ラーニングが導入されるなど，激変する教育現場。AL時代を生き抜くには，教師は何をすべきなのか?「行動主義」と「認知主義」の学習理論，動機付け，メタ認知の視点から考える"AL時代を切り拓く"10の提案です。

四六判 144頁
本体 1,560円+税
図書番号 0989

THE教師力ハンドブック
特別支援学級の子どものための キャリア教育入門　基礎基本編／実践編

西川　純・深山智美 著

子どもの生涯の幸せを保障するために出来ることがある!

「特別な支援を必要とする子どもの一生涯の幸せを保障するために，学校が出来ることは?」保護者や施設，就職支援の方への実地アンケートをもとに，「学校卒業後を視野に入れた教育」「就労の仕組み」「今，卒業後の幸せのためにできる準備」とはどのようなものなのかを解き明かす，問題提起と提案の書。

【基礎基本編】
四六判 128頁 本体 1,500円+税
図書番号 2261

【実践編】
四六判 144頁 本体 1,600円+税
図書番号 1390

学級経営70 すきまスキル

低学年／高学年／中学校

堀　裕嗣 他編著

ハードとソフトで学級経営のつまずきを解消! 微細スキル70

学級経営のつまずきは，実は遅刻した子への対応や日常の給食指導等における細かなズレの積み重ねが原因です。本書ではおさえておきたい学級経営のスキルを70の項目に分けて，「ハード編」として指導技術を，「ソフト編」として子どもに寄り添い支援する技術を紹介しました。

四六判 160頁
本体 1,800円+税
図書番号 2751, 2753, 2754

明治図書　携帯・スマートフォンからは **明治図書 ONLINE** へ　書籍の検索，注文ができます。▶▶▶

http://www.meijitosho.co.jp　＊併記4桁の図書番号（英数字）でHP，携帯での検索・注文が簡単に行えます。

〒114-0023　東京都北区滝野川7-46-1　ご注文窓口　TEL 03-5907-6668　FAX 050-3156-2790

資質・能力 を育てる 問題解決型 学級経営

赤坂 真二 著

やる気を成果に結びつける!曖昧さと決別する学級経営

なぜ,あなたのやる気が成果に結びつかないのか。曖昧さと決別する「問題解決型」学級経営。子どもたちの未来を切り拓く資質や問題解決能力は,日々の学級経営の中でこそ身に付けることができる。学校現場の,リアルな学級づくりの課題から考える辛口の学級経営論。

A5判 200頁
本体 2,000円+税
図書番号 1388

最高の学級づくり パーフェクトガイド

指導力のある教師が知っていること

赤坂 真二 著

1ランク上のクラスへ!最高の学級づくりバイブル

最高の学級づくりを実現するパーフェクトガイドブック。学級開きから学級目標やルールづくり,気になる子や思春期の子の指導,学級のまとまりを生む集団づくりの必勝パターン,いじめ対応からAしまで。章ごとの「チャレンジチェック」でポイントもよくわかる必携の書。

A5判 216頁
本体 2,000円+税
図書番号 1695

幼稚園 365日の 集団づくり

吉村 裕・丸山 克俊 編著

この1冊で幼稚園1年間365日の活動づくりがわかる!

幼稚園の1年間365日の活動づくりについて,①活動の流れをまとめた「デイリープログラム」②感動した子どものつぶやき・行動を集めた「天使のひと言&子どもの行動」③保育者視点の気づき・リアルな体験をまとめた「私の保育日誌」の3点を切り口にまとめました。

日常保育編
A5判 168頁 本体 1,860円+税
図書番号 0888

年間行事編
A5判 168頁 本体 1,860円+税
図書番号 0889

生活指導・生徒指導 すきまスキル72

堀 裕嗣 他編著

ハードとソフトで指導のつまずきを解消!微細スキル72

生活指導・生徒指導で大切なのは,学校生活を送る上での基本的なことや定番の行事で起こり得るトラブル対応等,細かなことの積み重ねです。これらをうまく裁き機能させる「すきまスキル」を,規律訓練型の「ソフト」と環境管理型の「ハード」に分けてまるごと紹介しました。

四六判 160頁
本体 1,800円+税
図書番号 2803, 2805, 2806

明治図書　携帯・スマートフォンからは **明治図書 ONLINE へ** 書籍の検索,注文ができます。▶▶▶

http://www.meijitosho.co.jp ＊併記4桁の図書番号（英数字）でHP、携帯での検索・注文が簡単に行えます。

〒114-0023 東京都北区滝野川7-46-1　ご注文窓口　TEL 03-5907-6668　FAX 050-3156-2790

板書&展開例でよくわかる 社会科授業づくりの教科書

主体的・対話的で深い学びを実現する!

5年 6年

朝倉 一民 著

1年間365日の社会科授業づくりを完全サポート!

1年間の社会科授業づくりを板書&展開例で完全サポート。①板書の実物写真②授業のねらいと評価③「かかわる・つながる・創り出す」アクティブ・ラーニング的学習展開④ICT活用のポイントで各単元における社会科授業の全体像をまとめた授業づくりの教科書です。

5年
B5判 176頁 本体2,800円+税
図書番号 2293

6年
B5判 184頁 本体2,800円+税
図書番号 2296

読み聞かせは魔法!

吉田 新一郎 著

子どもに読書力をつけ本好きにする「魔法の読み聞かせ」!

読み聞かせは,本当に読み聞かせるだけで良いのでしょうか?日本と欧米の読み聞かせの違い,世界で行われている多様な読み聞かせを紹介しながら,読み聞かせが持つ素晴らしい力を鮮やかに描き出します。子ども達の読書力を呼び起こし本好きにする「魔法の読み聞かせ」!

四六判 200頁
本体1,900円+税
図書番号 1156

小学校社会科「新内容・新教材」指導アイデア

社会科授業サポートBOOKS

北 俊夫 編著

社会科「新教材・新内容」の授業づくりを完全サポート!

平成29年版学習指導要領「社会」で示された「新内容・新教材」の指導アイデア集。①「見方・考え方」の働かせ方②「主体的・対話的で深い学び」を実現する手立て③「カリキュラム・マネジメント」のヒント④指導展開例の構成で,教材研究&授業づくりを完全サポート。

A5判 168頁
本体2,000円+税
図書番号 2148

365日の学級システム

必ず成功する学級経営
中学1年 中学2年 中学3年

堀 裕嗣 編著

中学1年間365日の学級づくり・活動づくり成功のポイント

中学校1年間365日の学級づくりから行事,通知表までの活動について,①教師が前面に出る「さきがけ指導」②後ろに引いて成長をうながす「しんがり指導」③励まし促進する「アクセル指導」④正しい行動を求める「ブレーキ指導」の4視点からまとめた学級経営バイブルです。

B5判 112頁
本体1,860円+税
図書番号 2921, 2922, 2923

明治図書 携帯・スマートフォンからは **明治図書ONLINE へ** 書籍の検索,注文ができます。▶▶▶

http://www.meijitosho.co.jp *併記4桁の図書番号(英数字)でHP、携帯での検索・注文が簡単に行えます。

〒114-0023 東京都北区滝野川7-46-1 ご注文窓口 TEL 03-5907-6668 FAX 050-3156-2790